バンカーズストーリー

信用金庫はおもしろい！

中島 久

はじめに

本文でも述べるが、筆者は他に選択の余地がなく金融機関に勤務することになった。そのため、金融機関の職員となることについて、何の展望も夢も持ち合わせていなかった。そうした人間が金融機関職員としてのアイデンティティを獲得する過程を綴ったのが本書である。

大学での講義や若手職員を対象とした研修において、講師として「〈自分探し〉なんてない。自分は自分で創るものである」といつも強調している。本書は筆者が「自分自身をどのように創ったか」を述べたものである（もちろん、創りあげた「自分」がこの程度のものかという反省は大いにある）。その意味で、これから金融界、特に地域金融機関を目指す学生の方や、現在、金融機関に勤務している若い方たちに読んでいただきたいと思う。

サイキック・インカム（psychic income：精神的所得）という言葉がある。「金銭には代えられない仕事に対する誇り、楽しさ、充実感」といった意味である。この言葉を知ったのは１９９０年代半ばのことである。その時、それ以前から漠然とイメージしていたことが「サイキック・インカム」という言葉によって一気に具体化した。自分が追求していたことが言語化されることによって、その後の思考や行動の有力な指針となったのである。若い読者の方たちには、本書によって言語化すること（客観化すること）の重要性を認識してほしいと思う。

本書は、金融界、主に地域金融機関の現場をリアルに表現することを試みた短編集であるとも言える。各エピソードは筆者の体験と見聞に基づいているが、すべてフィクションとして加工してある。したがって、本書に登場する企業や人物などは、実在の企業、団体、人物等とは一切関係がない。また、意見に関わる部分はあくまで筆者の個人的見解である。

本文中に挿入した4編の「アナザー・ストーリー」は筆者の創作である。読んでいただけばわかるように、最初からコミカルなテイストを出すことを意図している。筆者は非常にまじめな性格だが（自称）、時々、発作的にこうした作品が頭に浮かぶことがある。読者の方の息抜きになればと思って比較的おとなしい作品を選んだつもりだが、それでも気に入らないと感じられたら「笑って許して」いただきたい（恐縮です）。

筆者は入庫当初に金融機関独特の用語の意味がわからなくて悩まされた経験がある。

そこで想定する読者のキャラクターからして、説明が必要と思われる語句には右肩に※を付して巻末に五十音順で解説を掲載している。

本書は筆者の他の著書と同様に、エンターテイメント性（おもしろさ）と実務書としての有用性を両立させることを意図している。読者の方に「おもしろくて、ためになった」と思っていただけたら幸いである。

目次

プロローグ

大学生・理枝の選択

　ＪＲの改札口を通ると、理枝はまっすぐ自宅に向かった。家まであと数分というところで携帯電話が鳴った。数時間前に最終面接を受けたＧ信用金庫の採用担当者・Ｎさんからだった。会社説明会から数次の面接まで何度も顔を合わせているので、声と顔がすぐに一致した。

「本日は最終面接お疲れ様でした。選考の結果、合格となりました。……」

「内定が出た。いや、出てしまった」と思ったのは、数日前に大手銀行からやはり内定の連絡を受けていたからである。内定式の日には誓約書を提出するため、それまでに銀行か信用金庫か、どちらかを選択しなければならない。

　あっと言う間に内定式の日が近づいてきたが、彼女はまだどちらにするか決めかねていた。〈銀行に入って大企業を相手にダイナミックな仕事をしてみたい〉という気持ちはあるが、それがどんなことなのか具体的にイメージすることがまったくできない。一方、〈地元の信用金庫に勤めて、中小企業に対する金融を通じて地域に貢献したい〉とも思うが、やはりリアリティが感じられない。

中堅の商社で管理職を務める父は「わざわざ小さいところへ行くことはないだろう」と言う。そう言われるとそうかもしれないと思う。母は「信金って融資もするの？」などと聞くくらいだから頼りにならない。大学1年生の弟は「自分で決めるしかないだろ」と言う。他人事だと思って無責任なものだ。

その日も家で考えていたが、迷ってしまって決められない。気分転換のために散歩に出て、駅ビルの中にある書店に入った。ゆっくりと店内を歩きながら、ぼんやりと書棚を眺めていると『バンカーズストーリー』という書名が目に入った。手に取って中を少し見てからレジに向かった。

帰宅して自室のベッドに寝そべって読み始めた。数時間で読み終わった時、理枝は「自分が何になりたいのか」「何をしたいのか」を自問していた。それは彼女にとって二つの金融機関から内定を受けてから漠然と考えていたことを整理する作業だった。そして、内定辞退を連絡するために携帯電話を手にした。呼び出し音が鳴り、２コールで相手が出た。

「はい。……」

1

ジャンルに貴賤はない

金融界のヒエラルキー

私の友人の1人は就職活動で都内の広告代理店から内定を得た。30年以上前のことである。電通や博報堂といったレベルのところではない。もっと小規模な代理店である。就職氷河期と言われた時代で貴重な内定だったが、彼は地元で働きたいと考えて現在の信用金庫を選んだ。私の勤務先とは違う信用金庫である。代理店の担当者にその旨を伝えると、いかにも愚かな決断をするといった態度をとられたという（「どうしてわざわざ信用金庫なんかへ就職するのか」）。内定者に逃げられたという思いがあり、その腹いせでそんな態度になったのかもしれないが、信用金庫が外部からそんなふうに見られるという側面があるのも事実である。

金融界には上位から「都市銀行→地方銀行→信用金庫→信用組合」というヒエラルキーがあると言われている。インターネットで情報収集すると、現在でもこうした考え方は根強くあるようだ。このテーマを論じるにあたっては、上位と下位を定義する基準を明確にしておく必要があるので、その点をまず確認しておこう。率直に言って給料の面では前述のヒエラルキーのとおりだと思う。ただ、信用金庫よりも給与水準が低い業界（あるいはその業界に属する上場企業）も多々あることは、信用金庫を志望する学生の方や既に信用金庫に勤めている若手職員の皆さんに対して強調しておきたい。

本章では主に職員の能力レベルのヒエラルキーについて論じる。この場合の能力とは、国内における預貸金業務、中でも融資判断に関する能力を想定しているが、文中では上位業態の下位業態に対する漠然とした優越感についても触れることになるだろう。同時に金融機関職員のキャリア形成について、私の経験を交えて述べる。

メガと地銀の対談

以前、ある金融専門誌に都市銀行と大手地方銀行の運用担当者（2人とも男性）の対談が載っていた。対談のテーマは「※デリバティブ」ないし「デリバティブ商品」だった。印象批評だが、都市銀行の人は短髪でメガネをかけた、いかにもエリート然とした人だった。地方銀行の人はそれよりはややゆるい（親しみやすい）風貌だったが、やはり優秀そうな印象だった。年齢はともに30代半ばくらいだったと思う。

デリバティブは当時の私にとって業務上でも個人的にも重要なテーマだったので、興味深く対談記事を読み始めた。読み始めてすぐに両者の話が微妙にかみ合わないことに気がついた。私は金融機関職員だが、勤務先で発行する地域情報誌の編集もしているのでわかるが、活字になった段階でこうした感覚が残っているのは、実際にはかなり対談者同士の手が合わなかったためだろう。

この原因は、地方銀行の人にあるようだった。都市銀行との違いを強調するためか、さかんに「地域密着」という言葉を多用するのだ。読み進めながら何か危ないなと思っていたら、案の定、都心銀行の人が反論した。正確な表現は覚えていないが、「どうも違和感があるのだが……」とかなり硬い口調で発言した。すると地方銀行の人は「いや、もちろん私もそんなふうに考えているわけではなくて……」と、とたんにトーンダウンしてしまった。

私は対談のこのくだりを読んで、金融界におけるヒエラルキーの存在を想起した。深読みが過ぎるかもしれないが、都市銀行の強烈なプライドとそれに対する地方銀行の負い目のようなものを感じたのである（単に地方銀行の人の論理が脆弱だっただけかもしれないが）。デリバティブという言葉自体がやっと市民権を得た頃だから、この対談記事が掲載されたのは１９９０年代の金融大再編の前のことである。今、その都市銀行は名前が変わっている。地方銀行のほうは当時のままである。

史上最強の預金係

私は金融機関について何のイメージもなく信用金庫に就職したので、当初は金融界のヒエラルキーなど知る由もなかった。よく（中島さんは）「どうしてそこ（信用金庫）にいるのですか？」という質問を受ける。質問者は研修で出会った他の信用金庫の職員や広告代理店、デザイン関係などの他業態に属する人など様々である。インターンシップの学生に3時間ほど講義をした後にそう尋ねられたこともある。よくわからないが、金融界あるいは信用金庫業界の雰囲気に私は何となく合わないらしい（「前はどこにいたのですか？」ともよく聞かれる）。信用金庫に勤めているのは、今の勤務先以外から内定が出なかったからという単純な理由による。選択の余地がなかったのである。出版社の編集者を志望していたのに、まったく畑違いの金融の世界に入り、正直に言って入庫して1年くらいはあまりやる気が出なかった。

最初に勤務した営業店では預金課の出納係《すいとう》（現在は資金係と言う）に配属されて、1年間、ひと言で言えば毎日毎日、紙幣と硬貨を数えていた。紙幣の勘定、いわゆる札勘（お札の勘定）の技術はこの時期に身につけた。今でも新入職員の研修などで札勘の指導をするので役には立っているが、大学を卒業したばかり、22歳の若さで札勘に生きがいややりがいを覚えたら異常だろう。

少しやる気が出てきたのは、入庫2年目に出納係から異動して安定性預金の後方事務を担当していた時だった。テラーと呼ばれる窓口係が受け付けた定期預金の申込用紙（伝票）の内容を、コンピュータ端末で打鍵して通帳や証書を発行したり、書替や解約の処理などをする仕事である。仕事のベースとして、少額貯蓄非課税制度（通称：マル優）や総合課税・分離課税など利子所得に関する税務知識も要求されるから、多少の手ごたえを感じ始めていた（肉体労働の札勘よりはましだった）。

そんな時、現在で言えば預金課長に相当する人が、営業時間中に私の席まで来てこう言った。

「中島君、ウチ（当金庫）の連中は勉強しないから、少し勉強すればすぐ頭を出せるよ」

〈仕事を通じて学ぼう〉（勉強しよう）と思ったのは、このひと言がきっかけだった。「頭が出せたか否か」は定かでないが、後年、常務理事になったその人にこのことを話した。氏は「えー、そんなこと話したかなあ？」とまったく覚えていらっしゃらなかった。

人生の転機なんてそんなものだろう。人は知らないうちに他人の人生に影響を与えたり、他人の何気ない言動に大きく影響を受けることがあるのかもしれない。私も若い職員から、「研修で中島さんに言われた言葉がきっかけになって中小企業診断士の資格を取りました」とか、「勉強をする（仕事にやりがいを覚える）ようになりました」などと言われることがある。やはり、こちらは覚えていないことが多い。

この当時、2、3歳年上の先輩に、「仕事の能力については、都市銀行の行員と対等に張り合えるようになりたい（負けたくない）」と話したことがある。既に営業担当として「外に出ていた」その人は、「俺は銀行と信用金庫は違うと思う」と答えた。確かに銀行と信用金庫という業態の違いはあるが、金融という仕事において要求される能力、例えば財務諸表の分析力などは共通するものである。したがって私としては、そのレベルにおいては銀行員と同等の能力を身につけるべきではないかと思ったのだ。この時に金融ヒエラルキーを意識していたか否か定かではないのだが、「負けたくない」という考え方は相手を競争相手と認識していることになる。その意味では、相手（銀行）を対等の存在として意識していたのかもしれない。

これに対して、先輩の考え方は信用金庫と銀行との相違を認めることで、最初から競争を回避している。もし信用金庫が能力面で前述のヒエラルキーのとおりの位置づけにあるとしたら、それは自らを銀行とは異なる存在として強く定義あるいは意識づけしてしまった結果ではないかと思う。ただ、研修の講師として信用金庫の職員の方と接している経験からすると、全国レベルで見た場合、優秀な方はもちろん多々存在する。

一方で、金融界全体を俯瞰した場合、金融機関職員の財務諸表に関する知識・分析能力は、世間の人が考えているほど高くないとも考えている。これは、金融機関の職員を対象とした通信教育テキストの執筆や、添削課題の作成に長年携わってきた経験を通じて獲得した認識である。この認識を実体験として確認したこともあるが、そのエピソードについては後述することにする（「10年計画」の節参照）。

最初の営業店には4年間在籍した。安定性預金の後方事務を2年担当してから、※当座預金係を1年担当して2店舗目の営業店に転勤した。安定性預金の時代には財形貯蓄預金の取扱いが始まり、新しい商品の導入というささやかだが刺激的な経験ができた。こうした未知の業務を担当する時に、面倒くさいと考える人も（意外に多く）いるが、この際に面白そうだなと思ったのだから、かなり仕事に前向きになっていたようだ。当座預金係の時代には手形・小切手（22ページ・参考1）の知識を得るとともに、不渡りで返還するかしないかなど、企業の生死に関わる場面にも遭遇した。

この時期には営業課員として「外に出たい」と切望していた。嫌々札勘をしていた1年目とは大変な違いである。ローラーと称する内勤職員による外訪活動にたまに出ると、それなりというより、かなり良い成績を上げられたので自信がついていた。自分が営業という仕事に向いているとも、好きだとも思っていないが、かつても今も営業をすればそれなりの成果を上げられることも事実である。

こうした状況で2店舗目の営業店に転勤したので、当然、営業課に配属されることを希望していたが、実際には窓口係に配属になった（最初の営業店での送別会では「このままいくと〝史上最強の預金係〟になってしまいそうです」と挨拶してかなり受けた）。そして、1年後にようやく希望がかなって営業課員として外訪活動を担当することになった。入庫してから5年目のことで、これは当時の実態からしても遅いほうである（＊1）。そのため私も焦っていたのだが、結果的には良かったと思っている。なぜなら、札勘ができて、安定性預金の商品知識と事務処理に精通しており、手形・小切手の法的性質を理解していて当座預金の業務を通じて法人の顧客との交渉経験があり、窓口係として顧客と直接対話することを経験していたからである（当座預金係としては電話による交渉が多かった）。つまり、預金に関してはほぼフルカバレッジの知識と能力を有す

参考１　手形・小切手の券面

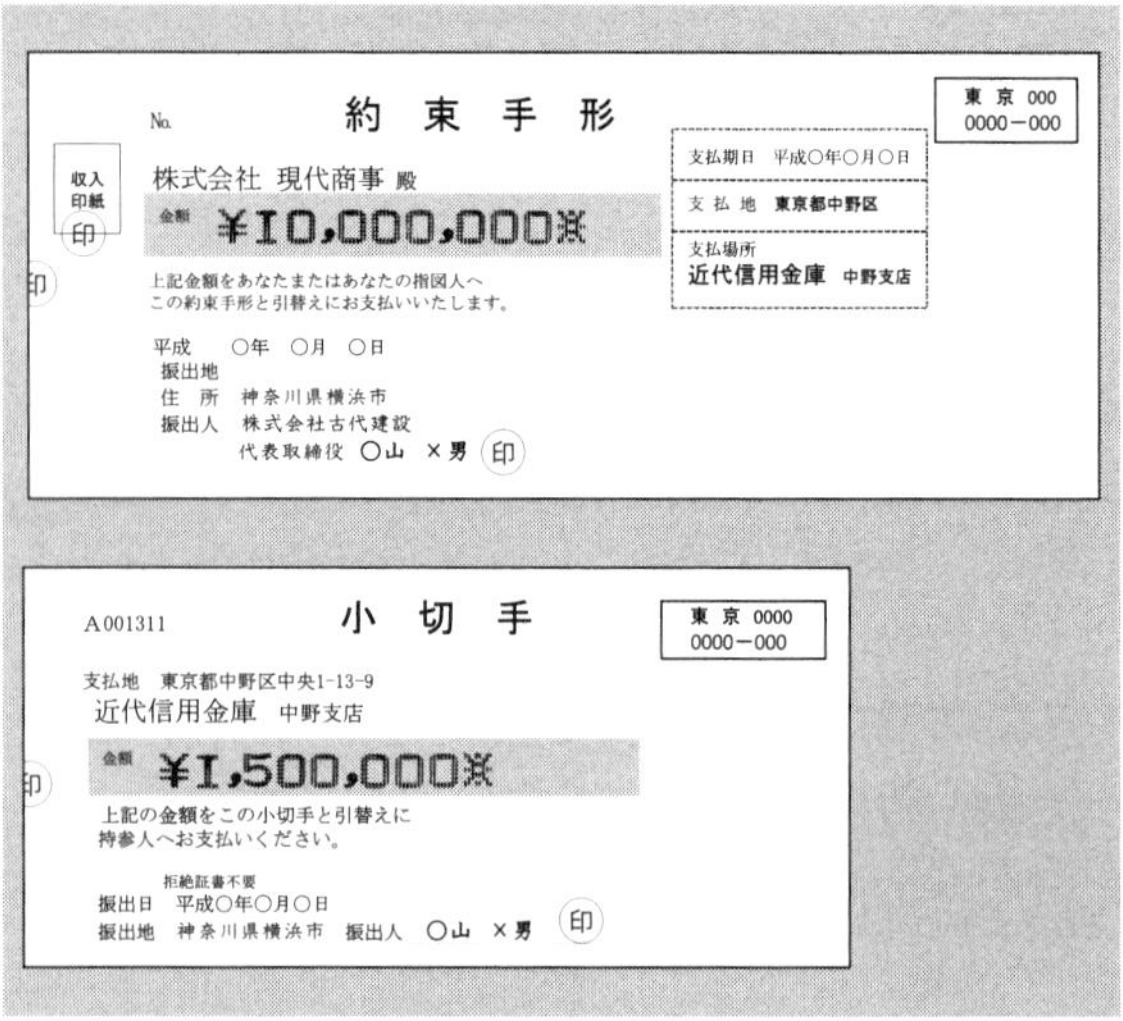

約　束　手　形

No.

東　京　000
0000－000

収入
印紙
印

株式会社　現代商事　殿

金額　¥10,000,000※

支払期日　平成○年○月○日

支　払　地　東京都中野区

支払場所
近代信用金庫　中野支店

上記金額をあなたまたはあなたの指図人へ
この約束手形と引替えにお支払いいたします。

平成　○年　○月　○日
振出地
住　所　神奈川県横浜市
振出人　株式会社古代建設
代表取締役　○山　×男　印

小　切　手

A001311

東　京　0000
0000－000

支払地　東京都中野区中央1-13-9
近代信用金庫　中野支店

金額　¥1,500,000※

上記の金額をこの小切手と引替えに
持参人へお支払いください。

拒絶証書不要
振出日　平成○年○月○日
振出地　神奈川県横浜市　振出人　○山　×男　印

る営業課員だったわけである。問題は融資業務の経験がないことだった。

＊1 現在ではローテーションの一環として融資課も一応経験するが、早くて2年目、通常は3年目で預金課（内勤）を卒業させられて、営業課や融資課に配属になる。「失われた10年」と言われる1990年代前半から2000年代前半の時期に、金融機関は不良債権処理の負担が大きく収益性が低下し新卒採用を抑制した。そのため、現在は30代の働き盛りの人間が不足しており、若手を早期に「戦力化する」必要があり、2、3年目で若手を預金課から卒業させるのである。卒業後の配属は営業課か融資課である。外為課というのもあるが、信用金庫の場合、例外的と言っていいだろう。他の業態のことはよくわからないので言及しないが、信用金庫の場合、預金課を卒業した若手は営業課に配属されることが圧倒的に多い。営業課のほうが融資課よりも相対的に人数が多く、人材の流動性が高いからである。2年目で預金課から営業課に配属させるということは、私が5年かけて一回りした預金課を1年間で終えるということである。先に若手を早期に「戦力化する」と述べたが、むしろ現在は「未完成のまま外に放り出す」という感じがする。

隣の地銀

この営業店は地元の地方銀行の営業店と隣接して立地していた。当時の（現在でも？）金融機関の店舗は似たような外観のものが多く、お客様が間違えて入店することがよくあった。私が着任するしばらく前には、隣の地方銀行の新入行員が間違えて当金庫に入ってきたというエピソードもあった。店舗の正面も似たようなものだが、行職員は建物の裏手の通用口から出入りする。しかし、裏手に回ると正面以上に個性がないので、位置関係を間違えるとそうした「事故」（？）があってもおかしくなかった（こちらからすれば笑い話だが）。

営業課員として私は店舗周辺の地区、いわゆる店周地区を担当した。移動はバイクが多かったが、軽自動車も利用していた。隣の地方銀行の同地区の担当者は確か同年齢で、外で顔を合わせれば挨拶をして雑談もした。ある時、私が「集金はしないのですよね」と彼に尋ねると、〈もちろん集金なんてやりませんよ〉という強い反応が返ってきたことが印象に残っている。金融ヒエラルキーの薫りがしたと言ってもいいかもしれない。ただ、私は都市銀行や地方銀行への就職に失敗して信用金庫に勤務していたわけではないので、相手の過剰な反応に不思議な感じを覚えただけだった。同時期に大学を卒業して、同じ地域の金融機関に勤務していながら、業態が異なるというだけで彼がどうしてこんな反応を示すのか、その点に興味を覚えた。私が最初から金融界を目指していて、その地方銀行に就職していたら、隣接する信用金庫の職員に同じような印象を与えるようになったのだろうか。

この営業店では2年半ほど営業課員として過ごした。担当する店周地区は商店街と住宅街で、融資の相談（案件という）には3回しか当たらなかった。財務分析の通信教育を受講していたが、実践経験がほとんどないので財務諸表の分析力は「都市銀行の行員」の足元にも及ばないレベルだったはずだ。ただ、検定試験には好成績で合格していた。最初の営業店では金融法務の試験を、この営業店では財務と融資実務に関する試験を受けて、3つとも金庫内でトップの成績だった。まじめに試験勉強をしたのは事実だが、全国でトップというほどの成績ではなかったから、やはり周囲の人間があまり勉強していなかったということだろう。宅地建物取引主任者の資格もこの営業店に在籍中に取得した。この資格については、金庫が資格取得を奨励して開催していた受験対策セミナーに参加して受験した。セミナーの受講者は30名ほどいたと思うが、合格したのは私だけだった。そんなこと（運の良さ？）もあって、私について組織内で「勉強家」というイメージが多少ついていたかもしれない。

しかし、試験で好成績を上げても、何かの資格を取ったとしても、営業成績を上げなければ評価されないという組織風土の存在に気がついていたので、早く融資の経験を積みたかった。融資実務を覚えれば、もっと積極的に営業ができると考えたからだが、この営業店では人員配置からして融資課に配属になる望みは薄かった。

そんな状況で営業活動をしていた時に、突然、新店舗の開設準備委員の辞令を受けた。2度目の転勤である。隣の地方銀行の営業担当者に話すと、大げさな口調で「あー、助かるなー」と言ったので白けてしまった。これまで彼と担当先でバッティングしたことなどなかったからだ。慇懃無礼というか、そういう性格なのだろうが、上位業態の人間がこうした態度をとることは、その後も経験することになる。

中小企業の見栄

新店舗の開設準備の仕事は楽しかった。新しい営業店をゼロから立ち上げるということが魅力的だった。財形貯蓄預金の導入もそうだったが、こういう活動が好きなのかもしれない。新店舗が開店したのは1985年の12月だった。この年の9月に日本、アメリカ、イギリス、西ドイツ、フランスの先進5ヵ国蔵相・中央銀行総裁会議（G5）が、ニューヨークのプラザホテルで開催された。このG5において、各国の政策協調によるドル高是正が確認された。いわゆるプラザ合意である。その後、円・ドルのレートは1ドル240円前後から年末には200円を割り、87年には120円まで急騰した。日本では円高不況に対応するため低金利になり、それが資産インフレにつながることになった（金利が低下すると資産価値は上昇する）。「バブル経済」の始まりである。

こうした環境下で、私は営業課員として活動することになった。幸運だったのは、担当する地域が中小企業の製造業が密集する工業地域だったことである。法人が多いので融資の案件には不足がなかった。前述のように市場金利は低下していたが、当時の貸出金利には現在よりも下方硬直性があったので他の金融機関のそれはすぐには下がらない。こちらは新店舗だったので、最初から低金利を提示することができた。こうした点も有利に働いて、営業課員として多数の融資案件に取り組むことで融資業務を覚えるとともに、営業成績も上げることができた。上司に恵まれて良質なOJTを受けられたことも大きかった。

この営業店時代は金融ヒエラルキーを意識することはあまりなかったが、一度、何かのトラブルで営業時間外（午後3時以降）に、先輩と2人で財閥系の都市銀行の営業店を訪れたことがあった。通用口で応対してくれたのは、夏だというのにダークスーツをきっちりと着た長身の男性だった。こちらはネクタイこそしていたが、半そでのワイシャツ姿である。気後れはなかったが、相手からはこちらに対する余裕を感じた。

また、あるお客様の紹介で会った建設関係の中小企業の経営者は、融資の相談をしながら言いにくそうに「（信用金庫より）格好が良いので取引銀行は都市銀行にしている」と言った。いかにも申し訳ないけれどといった感じで、悪い人ではなかったが、そうした「見栄」にどの程度の効果があるかは疑問だった。企業規模は文字どおりの小規模零細企業で、都市銀行がこの企業にどんなスタンスで臨んでいるのかは容易に想像がついた。つまり、あまり（全然？）親身ではないということである。だからこそ、人を介して信用金庫に相談に来たのだろう。その融資案件は、新規で取り上げるのは少々難しい感じだったので、公的な※制度融資について説明し、「これらの書類をそろえてお取引のある銀行へ行ったらどうですか」と勧めた。紹介してくれたお客様から後で聞いた話だが、その経営者の方は自分の金融機関で融資するわけでもないのに丁寧に対応してくれて、とても親切な人だと感激していたという。多少無理でも融資して自分の成績にするという考え方の人間もいるが、これが契機となってその後も何件か紹介を受けることができたのだから、これはこれで良かったと思っている。

3店舗目のこの営業店には2年ほど在籍して、4店舗目の営業店で融資課に配属になった。細かい事務処理は別にして、融資業務の中枢である融資の可否判断については、前の営業店での経験でほぼできるようになっていたので、初めて融資課員として勤務することになったが戸惑うことはあまりなかった。そして、2年後に中小企業事業団（現・中小企業基盤整備機構）中小企業大学校の中小企業診断士養成課程に出向という形で派遣された。

10年計画

この派遣に至るまでにはちょっとした経緯があった。前述の〈仕事を通じて学ぼう〉と思ってから、しばらく経った25歳の時、35歳までに〝中型〟の資格を取ろうと10年計画を立ててた（今思えば10年は長すぎる。5年、30歳までにするべきだろう）。自分なりの分類で言うと中型の資格とは、司法書士と中小企業診断士が該当した。大型の資格とは弁護士（司法試験）、公認会計士、不動産鑑定士で、税理士は大型と中型の間に位置するという認識だった。小型の資格とは行政書士、土地家屋調査士、宅地建物取引主任者などである。大型の資格を目指さなかったのは、これらの試験に合格しようとすると、人生を変えるほど勉強する必要があると思ったからである。そこまでの覚悟はなかったと言うべきかもしれない。

計画を立てた時点では司法書士を目指していた。大学が法学部だったこともあるし、組織内を見回した時、金融法務の専門家がいない、つまり空席があることに気がついたからだ（今から思えば、マーケット・リサーチをしたことになる）。その当時、当金庫は法務に関しては顧問弁護士に相談していたが、通常の金融法務なら司法書士の資格があれば十分に対応できるという読みがあった。宅地建物取引主任者試験も司法書士を目指す伏線として先に受験して、司法書士試験の準備に入ったのだが、どうも調子が出ない。30歳になった頃には、自分は法務に向いていないと自覚せざるを得なかった。

その頃、読む本は※ＭＢＡや経営学に関するものが多くなってきていた。試験勉強のために読むわけではないので、興味がそちらの方面に向いていたのだろう。そんな時に金庫が中小企業診断士受験セミナーを設けたので受講することにした。宅地建物取引主任者試験のセミナーの時もそうだったが、やはり30名くらいの人間が集まった。金庫内では「勉強家」とみなされている人が多かった。通信教育を半年間受講して、その後にスクーリングが始まったのだが、この時点で既に半数以上が脱落していた（やはり勉強嫌いが多いのか）。当初はスクーリングを受けて中小企業診断士試験を受験する予定だったのだが、診断士の資格を取得するもう一つの手段である、中小企業大学校の中小企業診断士養成課程への派遣を人事部から打診された。まじめにスクーリングに参加していたことが幸いしたらしい。二つ返事で受けた。この養成課程にも入学試験があるのだが、1年間出向して勉強できることが魅力だった（＊2）。この入学試験のためには我ながらよく勉強したと思う。時事的な問題も出るので日本経済新聞は必読だったが、真剣に読むため、新聞を開くと吐き気を覚えるような感じがしたこともある。入学試験には無事合格して、1989年10月に中小企業大学校の同課程に入学した。

＊2　現在は中小企業診断士試験の1次試験合格者を対象とする6ヵ月間のコースになっている。

当時の中小企業診断士は商業部門、工業部門、情報部門の3部門があり、同養成課程も商業コース、工業コース、情報コースに分割されていた。私は商業コースに属しており、工業コースには1年後輩の男が合格して同時に在籍していた。商業コースと工業コースは定員が各72名、情報コースは32名だった。

各コースは第1種と呼ばれる地方公務員と第2種と呼ばれる政府系金融機関や信用保証協会・商工会議所などの職員、そして第3種と呼ばれる民間金融機関の行職員で構成される（当時）。私が所属したコースには、第3種の人間が26名いて、業態別の内訳は都市銀行1名、地方銀行13名、信用金庫12名だったと思う。信用組合の人はいなかった（ちなみに72名の受講生のうち、女性は地方公務員の方が1名だけだった）。

先に「金融機関職員の財務諸表に関する知識・分析能力は、世間の人が考えているほど高くないとも考えている」と述べた。これが金融機関職員の自信のなさに表れていると思ったのが、この養成課程に入って最初に各自が自己紹介した時のことである。金融機関の人間のうち、何人もが「法人営業をやっていましたが、財務分析はそんなにできません」といった予防線を張ったのだ。カリキュラムには当然、財務管理・財務分析が入っていて演習もある。地方公務員の人は財務分析ができなくても当然という感じだったが、金融機関職員にも、過大な期待をされても困りますというスタンスの人が結構いたのである。

次のようなエピソードもあった。商業コースの受講生の中に会計事務所勤務で税理士試験の簿記論に合格している人がいた。入学後すぐに彼が簿記3級の試験合格を目指す勉強会のメンバーを募ったら、他のコースの人間も含めてかなりの数の金融機関職員が応募したのである。工業コースに在籍していた私の同僚も応募した。その時、「金庫の名前を背負って派遣されているのだから、財務分析に自信がないと思われるようなことをするな。わからなくてもわかっているような顔をしていろ」と言ったのだが、まじめな彼は受講した。簿記3級の試験に合格したかどうかは覚えていない。

自分もこの時期は財務分析について相応の自信があったわけではない。勉強会に応募しなかったのは同僚に言ったように、一種のプライドというか意地があったのは事実だが、財務分析能力を高めるために簿記を学ぶという方法論に違和感があったためである。パソコンの使い方がわからないからといって、パソコン内部の回路設計やアッセンブリーから学ぶ人はいない。同様に、財務諸表の読み方（分析手法）を学ぶなら、財務諸表の作り方（簿記）ではなく、完成された財務諸表の仕組み・構造を理解したうえで、その読み方を学ぶべきだと考えていたのである。この考え方が間違っていなかったことは、後に証券アナリストの資格を取得する際にテキストで確認することができた。

同大学校での財務分析の座学で某都市銀行出身の中小企業診断士の方が講師となった。この時、ある財務指標の定義について、地方銀行の人とちょっと議論になったことがある。「地方銀行協会の財務分析のテキストにはこう書いてある」と彼が言うと、講師は即座に「ああ、それは間違っていますね」と応えた。議論には参加しなかったが、講師の木で鼻をくくったような対応は脇で見ていて「金融ヒエラルキー」の存在を確認させるものだった（どうでもいいことだが、その講師は東京大学出身である）。

その後、座学から企業診断の実習に入った後、工業コースの地方銀行の人が「信金の人とは仕事がしにくい」と放言し、それに対して信用金庫の人間が「資金量ならウチのほうが多いだろう」と言ってひと悶着あったという話も聞いた。地方銀行は地元ではトップシェアで「お殿様」かもしれないが、関東や関西圏の信用金庫のほうが資金量では多いことがあるから、こういう話になると面倒である。個人の能力と所属する組織の規模は関係がないはずだが。

中小企業大学校に在籍した1年間は熱心に勉強した。かなり充実した図書館があったので、卒業までに200冊の本を読むという目標を立てて実行した。半年ほど経った頃、マーケティングを専門にするという方向性を定めた。1990年9月末に無事に養成課程を修了した。34歳11ヵ月になったところで、35歳までに中型の資格を取得するという目標はかろうじて達成することができた。

文化の違い？

出向が終了して本店に配属になり、融資課に勤務した。1年間実務を離れていたため長すぎる休暇明けのような感じで3ヵ月くらいは調子が出なかったが、徐々に現場の感覚が戻ってきて実績も上がっていった（融資課員でも営業はしなければならない）。そんな矢先、本店に勤務して1年後に顧客相談室という部署に異動になり、経営相談（企業診断）を担当することになった。中小企業診断士としては望ましい職場である。

この部署には約4年間在籍した。この間、中小企業大学校に在籍した時に形成した人脈から中小企業事業団の研究事業に参加させてもらい、地方の企業の視察や研究論文の執筆などの経験を積むことができた。中小企業診断士養成課程の企業診断実習の指導員も担当したが、初めて指導員を担当した時に印象的な出来事があった。7～8名の実習生と顔を合わせて、打ち合わせに入った時に実習生の中の地方銀行の人が、「実習の指導よりも横浜の情報を提供してほしい」と発言した（診断実習の対象企業は横浜の企業だった）。つまり、彼は信用金庫の職員である私の指導を受ける気はないので、地域情報でも提供してくれればいいと言ったのである。金融ヒエラルキーに基づく典型的な反応である。（「おっ、来たな」と思いつつ）その場では黙っていたのだが、その後、彼らの議論を聞いていると明らかにロジックがおかしいところがあった。その点を指摘すると腑に落ちたらしく、その地方銀行の人の態度が急変した。

「先生、こんなデータがありました」

「それじゃ、他の皆さんに見てもらってください」

「いえ、まず先生からご覧ください」

こんな感じである。実習が終わった時、彼にはマンツーマンで講義までしたのだから変われば変わるものである。似たような経験は座学の講師を担当した時など、その後も何度かあった。講師のような仕事の場合、金融ヒエラルキーに基づく反対抵抗はわずらわしい。抵抗を抑え込むことにさして苦労はしないのだが、その手間が面倒なのである。ある地方銀行の人とは少し長めのプロジェクトで付き合ったのだが、プロジェクトが終わる頃、こんなことを言われた。

「私は銀行に入って以来、信用金庫は規模も小さく、人材の質も低いと上司に言われて、実際にもそう思っていましたが、中島さんとお付き合いしてそれが間違いだとわかりました」

彼とは今でも連絡を取っており、個人的にはうれしいエピソードなのだが、金融ヒエラルキーの存在を明言されたという意味で印象的な経験である。

中小企業診断士は資格を維持するために、毎年、研修を半日受けなければならない。その際に当金庫の診断士が地方銀行の診断士に「財務分析の研修をしてあげますよ」と言われたことがある。当金庫の職員が「ウチにも人がいて、研修もやっていますから」と答えると、相手は手を振って「いや文化が違う」と言ったそうだ。素直に「研修の講師の仕事をやらせてください」と言うのならいいのだが、私だったら「文化が違って良かったですよ」と返したかもしれない。

上位業態の人間はプライドが高いので、見下されないためには実力をつけるしかない。それが一つの動機になって、中小企業診断士を取得した直後から準備を始めて※証券アナリストの資格を取った（正確には公益社団法人日本証券アナリスト協会検定会員と言う）。診断士はある意味で勤務先に取らせてもらった資格だから、自力でもう一つ資格を取ろうという気持ちもあった。

また、中小企業診断士は中小企業大学校という存在があるので、地域金融機関の職員にとっては比較的ポピュラーな資格だが、当時、証券アナリストは証券会社の社員や総合研究所の研究員が取得する例が多く、やっと銀行の受験者が増えてきた時期だった。信用金庫には有資格者はほとんどいなかったと思う。まして中小企業診断士と証券アナリストの両方を持つ人間は金融界全体でも数少なかったので、証券アナリストを取ることはマーケティングで言う差別化につながるという計算もあった。

天ぷらと刺身

『銀行員という職業』（寺田欣司、近代セールス社、2008年）という本に、〈銀行マンは「算数」には強いが、「数学」には弱い〉という的確な指摘があるが、私の場合も同じでアナリストを目指すにあたって数学がネックになった。学生時代から数学に苦手意識があり、成績も芳しくなかった。しかし、マーケティングを専門とする以上、数学と統計学は避けて通れないのも事実だった。結局、中小企業診断士と証券アナリストの両方を取得したいという思いが勝った（＊3）。何とか目標を達成できたし、その効果は事前に予想したよりも大きかった。他者と差別化できるという点はもちろんだが、仕事上あるいは企業診断などにおける各種の分析の幅と深度が進化したのである。以来、右手にマーケティング（中小企業診断士）、左手にファイナンス（証券アナリスト）というのが私のキャッチコピーになっている。

＊3　数学については、まず中学3年の教科書を買ってきて取り組んだ（翌日、教科書ガイドも買った）。中学までは苦手意識はあったが、成績は5段階評価で3か4だったから、その時点まで戻ろうと考えたのである（成績は高校時代に急降下したのだから、この考え方はおかしい）。この教科書を1ヵ月程度で終了して、「これでスタート地点に立った」と勝手に思い込んで、「アナリストのための数学」などの参考書に取りかかった。証券アナリスト試験対策のテキストを開くと、いきなり、次ページの図（参考2）のような式が出てくるから強烈である。ただ、記号式に慣れると、それほど難しくないことがわかってきた。

参考２　記号式の例

ポートフォリオの分散：

$$VAR(\widetilde{R}_p) = \sigma_p{}^2$$
$$= E[\widetilde{R}_p - E(\widetilde{R}_p)]^2$$
$$= E[(x_A\widetilde{R}_A + x_B\widetilde{R}_B) - E(x_A\widetilde{R}_A + x_B\widetilde{R}_B)]^2$$
$$= E[x_A(\widetilde{R}_A - E(\widetilde{R}_A)) + x_B(\widetilde{R}_B - E(\widetilde{R}_B)]^2$$
$$= E[x_A{}^2(\widetilde{R}_A - E(\widetilde{R}_A))^2 + x_B{}^2(\widetilde{R}_B - E(\widetilde{R}_B))^2$$
$$+ 2x_Ax_B(\widetilde{R}_A - E(\widetilde{R}_A))(\widetilde{R}_B - E(\widetilde{R}_B))]$$
$$= x_A{}^2E[\widetilde{R}_A - E(\widetilde{R}_A)]^2 + x_B{}^2E[\widetilde{R}_B - E(\widetilde{R}_B)]^2$$
$$+ 2x_Ax_BE[(\widetilde{R}_A - E(\widetilde{R}_A))(R_B - E(\widetilde{R}_B))]$$
$$= x_A{}^2Var(\widetilde{R}_A) + x_B{}^2Var(\widetilde{R}_B) + 2x_Ax_BCov(\widetilde{R}_A, \widetilde{R}_B)$$
$$+ x_A{}^2\sigma_A{}^2 + x_B{}^2\sigma_B{}^2 + 2x_Ax_B\sigma_{AB}$$

この頃には、財務諸表の分析力はかなり成熟していて、アナリスト試験でも財務分析の分野がポイントゲッターになった。ある会合に出席した時、こんなことがあった。出席者は都市銀行、地方銀行、信用金庫から各2名、それぞれ各組織から選ばれて来ている人たちで、金融ヒエラルキーなど少しも感じさせなかった。経験から述べると、優秀な人たちほどそういう傾向がある。その際に地方銀行の方がある財務指標について基本的な誤解をしていたので、私がそれを指摘すると、いかにも不本意といった顔をしていた。表面には出さないけれど、こういう事態はやはりヒエラルキーからすると不快なのかもしれない。

法務を諦めて中小企業診断士に方向転換を考えていた30歳くらいの頃、勤務先の集合研修で、私は「外部でも通用する人間になりたい」と言ったらしい。自分では記憶になかったが、一緒に受講した同期の人間に後で教えてもらった。近年は金融以外のフィールド、活字媒体の制作やイベントの企画などの仕事のウエイトが高くなったが、もちろん、中小企業診断士や証券アナリストという資格に伴う知識は今の仕事にも十分活かせている。

金融ヒエラルキーを感じることはほとんどなくなった。携わる仕事の質が変化したためもあるが、そもそも異質なものを比較してヒエラルキーを論じることがナンセンスなのである。例えば、小説と映画を比較するのは、天ぷらと刺身を比べてどちらがうまいかを論じるようなものである。そもそもジャンルが異なるのだ。小説にも上質なものもあれば、レベルの低いものもある。映画も同様である。

金融ヒエラルキーも複数の金融機関で形成されている業態をランクづけして、その業態に属する数万人から十数万人にも上る人間までを一律に評価してしまう。その発想自体が非論理的である。人の価値はその人が所属する業態で決まるわけではない。金融ヒエラルキーは、根拠のない思い込み、上位業態のプライドと裏づけのない下位業態の劣等感に起因している。

当然のことだが、ジャンルに貴賤はない。各ジャンル（業態）の中に一流、二流、三流の違いがあるだけである。

2

集金は辛い仕事か?

ドブ板営業

以前、私の勤務先の信用金庫の内定（正確には内内定）を受けた大学生が辞退した。辞退する学生は珍しくないのだが、その理由がユニークだった。信用金庫の営業担当者の移動手段はバイクが中心なので、ヘルメットをかぶらなければならない。その学生は「髪形が乱れるのが嫌なので」辞退したのである（笑）。こういう人には入庫してもらわなくてよかったと思うが、バイクによる集金活動（営業活動）に抵抗を覚える人（学生）は結構いるようである。

私も営業課員だった時代は、ほとんどバイクを利用していた。ホンダが世界に誇る名車スーパーカブである。燃費は1リッターで50㎞はいったと思う。横浜市港北区の港北ニュータウンがまだ未開発で広大な空き地だった頃、そこをウィリーで走るのは爽快だった（ウソです）。

「バイク→集金→ドブ板営業」といった負の連想が世間にあるような気がするが、「ドブ板」など今や実態がほとんどないだろう。多少でも経験がある人にはわかると思うが、「定期的に行く先」があるということは、営業担当者にとってかなり楽なことである（た

▲　**著者とスーパーカブ**

50cc以下はノーヘルがOKだった1980年代前半。女性職員に「バイク、似合いますね」と言われた。

とえ目的が集金であっても)。そして、移動の手段としてバイクや軽自動車は必需品である。

「ドブ板」型の営業ということで言えば、広告代理店の営業では雑居ビルに入居する企業を端からすべて回るところもあるらしい。地域金融機関も新店舗の開設の場合はローラーと言って、一定の地域内の事業所、住宅をすべて訪問することはあるが、通常の集金業務以外の営業は基本的にはターゲットを絞って事前準備をしてから訪問する。前述のような「飛び込み」の広告代理店の営業よりも相対的には楽だろう。それでも抵抗がある人は、スーツをバリッと着こなしてアタッシュケースなどを提げて街を歩くような業界を最初から目指せばいいのだ(どんな業界が該当するのか、よくわからないが…いや、それが都市銀行《メガバンク》か?)。

101枚の1万円札

営業課員として初めて外に出た時、毎日集金する先は1社しかなかった。営業店からバイクで5分ほどのところにある食品スーパー・D社である。毎日、午後一番(13時30分から14時くらいの間)に訪問して、店舗のバックヤードにある狭い事務室で前日の売上を集金する。応対してくれるのは創業者の社長で、当時40代半ばくらいだったろうか。社長が１００枚ずつ輪ゴムで束ねた紙幣を数えて伝票を起こし、入金の控えを渡して現金を持ち帰るという仕事である。紙幣は1万円札と千円札が多く、金額的には１日当たり数百万円といったところだったと思う。

ある日、担当になってからまだ数日しか経っていない頃、社長と相対してお札を勘定していた。数個目の1万円札の束を数えている時、社長が異様に強い目線で私を、正確には私の手元を見つめていることに気がついた。自分の目は数えているお札に向いているのだが、社長の強い視線が感じ取れた。「何かあるな」と思って慎重に数えていると、その1万円札の束は１０１枚あった。通常、札勘は縦読み、横読みという２つの手法で各１回ずつ計2回行うのだが、その時は念のために4回数えた。「試されているな」と思った。

その1枚を横に除いておいて、千円札も含めてすべて数え終わってから指摘しようとも考えたが、その場（＊４）で済ませたほうがいいだろうと判断して「1枚多いですね」と差し出した。すると厳しい表情をしていた社長が、破顔一笑して「そうか、どうもありがとう」と言った。それ以来、二度とそんなことはなかったので、あれで信用してくれたのだろう。ただ、歴代の担当者全員をそうして「試験していた」のだろうかと時々思った。前任の担当者は引き継ぎの時に、そんなことは何も言っていなかった。

＊4　金融界には「現金その場かぎり」という言葉がある。現金の受け渡しの際はその場で正確に勘定して後で疑問が生じる余地をなくしておくことという意味である。ちなみに何かの行き違いがあって騒ぐ人に、その場を収めようと現金を渡すことを「現金その場しのぎ」という（これはウソです。絶対にやってはいけません）。

この社長にはいろいろなことを教わった。レジのところで従業員さんに預金の勧誘をして、それが監視カメラで見つかって怒られた（これは完全に私が悪い）。「寿司は日本人にとってファストフードだ」という持論を述べて、持ち帰りの寿司店の構想をうかがったことがある。業界では常識だったのかもしれないが、テイクアウトの寿司屋チェーンがまだ少なかった頃だったので感心した覚えがある。

初めて営業担当になった時に、創業者特有の強烈な個性に触れられたのは幸福だったと思う。当然と言えば当然だが、経営者は自分の時間を非常に惜しむ。それだけいそがしいのだろうが、セールスの電話などにはとても冷たい。商売人なので電話を取る時はとても愛想が良いが、セールスとわかったとたんに態度が急変する。「目的は何？」→「いらない！」こんな感じである（＊5）。ロスリーダーという目玉商品（集客のために赤字覚悟で値付けをする商品）だけを買うお客を見ると腹が立つので、セールの時はレジに立たないと言う。正直な人だなと思った。ちなみに目玉商品だけを購入する顧客を流通業界では「チェリーピッカー」とか「バーゲンハンター」と言う。

＊5　後に別の営業店で、直接の担当ではなかったが、やはり創業者が経営するスーパーと接することがあった。面白かったのはここの社長の電話応対が、D社の社長とまったく同じだったことである。「はい。○○スーパー、○○でございます」と受けるが、セールスとわかると「何だよ、いそがしいところを飛んできたのに」と怒りだすのだ。このスーパーが改装記念セールを行った時、たまたま集金に行った。売上を数えていると、社長が独り言のように「おかしいな。（お客は入っているのに）売上が伸びない」とつぶやいたので「社長、値入を下げているからでしょう」と言った。社長は「値入？　ああ、そうか」と妙に得心がいったような顔をした。

中小企業診断士養成課程に進む直前のことで、私にとってはなぜか記憶に残るエピソードである。

D社の社長は利息を払うのがもったいないと言って、短期の資金が必要な時でも借入をしなかった。自分や家族の資金でやりくりをしてしまう。これは担当してから相当時間が経ち、この社長にもかなり慣れてきた頃だが、「株式会社として営業していらっしゃるのですから、金利負担があっても資金が必要な時は金融機関から借入をするべきではないでしょうか」という意味のことを言ったことがある。要するに家族経営から企業経営への移行を進言したのである。20代の若者が創業経営者に対して、こんな意見をするとは今から考えても汗顔ものだが、社長は機嫌を悪くした様子もなく話を聞いてくれた。もっとも、その後も借入はしてくれなかった。

D社から少し離れた場所に個人経営のスーパーがあった。取引先ではないが、私の担当地域内のお店である。ある日、D社の社長から「あの店を買いたいから仲介をしてくれ」と言われた。今なら、あるいは当時から7、8年後なら、「よし、※M&Aだ」と張り切ったかもしれないが、そんな言葉も知らない時期である。困って融資課の先輩に相談すると、「そういうことは自分でおやりください」と言えというアドバイスだった。当時としては平均的な対応だったのではないかと思うが、社長に先輩の言葉どおりに伝えるとしみじみとした口調でこう言われた。

「中島君、君は本当に役に立たない男だな」

「トホホ」である。

一方でその後、こんなこともあった。D社が4店舗目の支店を出す時に、市の中小企業指導センターの中小企業診断士が作成した市場調査レポートを見せてくれたのだ。

「中島君、こういう仕事をするといいよ」

やさしい口調だった。ありがたくコピーを取らせていただいた。このことが後に中小企業診断士を目指す心理的な伏線となったことは間違いない。診断士の資格を取得した後、何かの件でD社を訪れる機会があった。社長にそのことを話すと、あの報告書はなくしてしまったので控えがあったらほしいと言われたので後でお届けした。集金を担当していた当時から勤めていた古手の従業員の女性から、「社長は歴代の担当者の中で中島さんのことを一番評価していた」と聞いたのはこの時である。

ラーメン屋の損益分岐点分析

ある営業店で精肉店を担当していた。月1回の積立の集金が仕事である。さびれた商店街の一角で細々と営業している店で、あまりお客の姿を見かけることはなかった。品の良い中年の奥様がいつも応対してくれた。几帳面な性格で、毎月の支出などをきれいにノートに整理していた。

ある日、いつものように集金のために訪問すると、珍しくご主人が出てきた。上背はないが、小太りのいかにも精肉店の店主という感じの人である。ご主人は私にこんなことを言った。

「見ればわかると思うが、ここではもう商売にならない。ラーメン屋に転業するつもりで、3年前からあちこちのラーメン店を食べ歩いて研究してきたが、やっと自信もついたし、賃借する店も見つかった。ついては応援してほしい」

「応援」といっても自己資金は十分に用意されていた。その預金の一部を解約して開店資金に充当した。後はお店の近くにある当金庫の営業店へ預金と融資その他の取引を移すという事務処理だけだった（これを「移管」という）。多少、煩雑ではあるが難しい仕事ではなかった。

ただ、奥様が転業することに不安があるらしく、この話になると表情が曇る。そこで、損益分岐点分析（次ページ・参考3）をやりましょうと提案した。提案と言っても実務的に精通していたわけではない。財務の検定試験に出題された算出式を覚えていただけである。それでも実際にやってみると興味深かった。奥様が現在の店の記録をきちんと取っていたので、それを参考に電気代や水道代などの固定費、変動費の予想をした。ラーメンに餃子を頼む人の比率を2割としてなどと客単価を予想して、客席数の予想回転率から売上高を試算してみた。そして、これなら何とかなるのではないかという結論になった。

幸い、お店は順調にスタートした。開店の数日後に先輩と2人でラーメンを食べに行った。ご主人は開店日に来たお客の1人が「マズイ！」と言って、ラーメンを残して帰ったという話をした。「そういう人もいますから気にすることはありませんよ」と言った。開業から間もない店の経営者はそういうことに傷つくのである。

ご夫婦が損益分岐点分析にというか、私にとても感謝していると聞いたのは、移管先の営業店の担当者からだった。その後、何年かしてから店に立ち寄ると大歓迎してくれ

参考３　損益分岐点分析

損益分岐点とは、収益と費用が等しく、利益も損失も生じない売上高のことである。損益分岐点分析（Break-even analysis）は、CVP分析（cost-volume-profit analysis）とも呼ばれる。また、損益分岐点の売上高に対する比率を損益分岐点比率と言い、この比率は低いほど良いと言える。

損益分岐点は、「収益と費用が等しく、利益も損失も生じない売上高」だから、損益分岐点においては、売上高（S）＝費用（C）となる。この分析手法では、費用を固定費と変動費に分解し、売上・費用・利益の関係を分析する。固定費は売上高に関係なく発生する一定額の費用で、変動費は売上に比例して増減する費用である。固定費には人件費、減価償却費、家賃・地代、保険料などが含まれ、変動費には材料費、外注加工費、販売手数料、商品配送費などが該当する。費用を固定費と変動費に分解することを固変分解と言う。

固定費をF（fixed cost）、変動費をV（variable cost）とすると、損益分岐点においてはS＝Cだから、「S＝F＋V」となる。

この式を以下のように変形すると、損益分岐点売上高が求められる。

S－V＝F

S（1－V／S）＝F

S＝F／（1－V／S）

損益分岐点売上高＝固定費÷（１－変動費率）

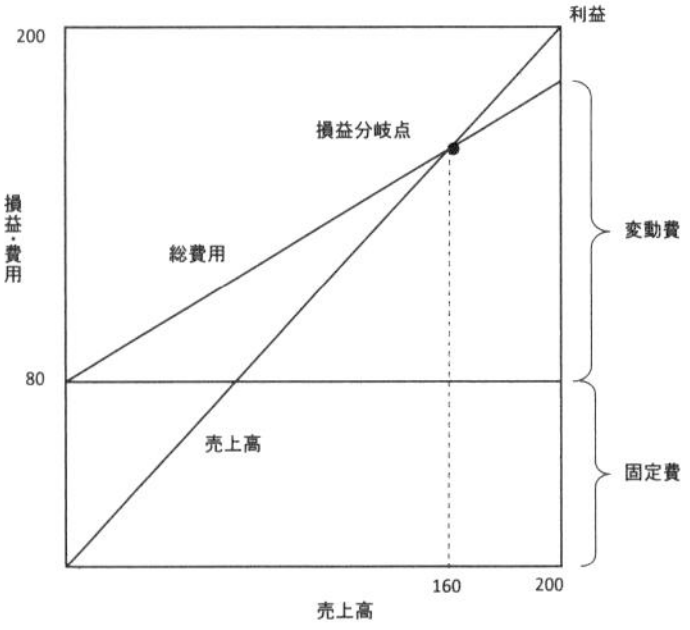

・売上高の傾きは45°で、総費用線の傾きは変動費率（＝変動費÷売上高）。

・変動費率が変化するときは、総費用線の角度が変わる。

・固定費が変化するときは、固定費線が上下し、変動費率が変化しなければ、総費用線はその角度のまま上方にシフトする。

た。当時は中小企業診断士でも証券アナリストでもなく、損益分岐点分析もかなりラフなものだったが、そういうことを実際に行う営業担当者は少数派だったのかもしれない。ごく稚拙だったが、結果的には（そんな言葉さえ存在しない時代に）※課題解決型営業を実践したことになったのだと思う。

集金活動に伴う思い出は他にもいくつもあるが、ここで紹介したものは私にとってかなり大切にしているエピソードである。こうした話に興味も関心も覚えないようなら、「髪形の乱れ」を気にしなくて済む業界を目指したほうがいいと思う。

中高年のための証券アナリスト試験必勝法

6月に受験した証券アナリスト（CMA）試験に見事、合格した。年々、合格者の平均年齢が低下しているこの試験に、大型店の支店長という激職にあって、しかも48歳での合格は（誰も言ってくれないから自分で書くが）まさに快挙である。知り合いの編集者Y君に合格を知らせたら、「へえー」と言ったきりだった。当店（ウチ）の部下と同じ反応だった。だから彼はダメなのである。

以下に私が編み出した「中高年のためのCMA試験必勝法」を紹介しよう。

結論から述べると、必勝法は極力勉強しないことである。中高年者の能力は若者よりも高い（そうでなければ金融機関の人事体系は根底から覆ってしまう）。CMA試験くらい勉強しなくても合格できるのである。合格者の平均年齢が低いのは、中高年者は加齢とともに体力が衰えており、気力・集中力に欠けるためである。7時間にわたる試験ではこれが大きい。

したがって、まず体力をつけて、気力・集中力を養う必要がある。私は毎朝5キロのジョギングを自らに課した。休日には海岸を古タイヤを引いて走った。深夜、明かりを消した部屋で座禅を組んでロウソクの炎を見つめたりもした(「火事になったらどうするの！」と家人に言われてすぐやめたが)。

このような地道な努力は必要であるが、CMA試験は決して難しいものではない。体力をつけて、長時間の試験に耐えられる気力・集中力を養う。40歳以上の中高年者にとって試験必勝法はこれにつきる。付け加えるとすれば、40歳になるまで試験を受けないことである。これは案外重要なことである。若いうちに受験すると間違って合格してしまうかもしれない。私は40歳で挑戦を始めて、48歳で合格した(そのため5浪で東大に入って8年かけて卒業したような結果になってしまった)。

また、受験に際して1次試験と2次試験に合格することも肝に銘じておきたい。

3

逃げた融資担当者

融資案件の組み立て

金融界、特に信用金庫は「ノルマがきつい」という声も聞くが、これは信用金庫も銀行もあまり違いはないと思う。「1　ジャンルに貴賤はない」で述べたように、個々の金融機関ごとに判断するべきだろう。少なくとも、信用金庫のほうが銀行よりも必ずしもノルマがきついとは思わない（業種は違うが、ノルマ証券と揶揄される会社もある）。もっとも、同じようにきついノルマ営業ならば、年収が高い銀行のほうがいいという考え方はあるだろう。

私よりも10歳近く若い人間（支店長経験者）2、3人に、「ノルマがきつかったと思ったことがあるか」と尋ねたが、優秀な人間ばかりだからかもしれないが、全員がそんなことはなかったと答えた。それよりも「難しい（複雑な）融資案件の組み立てのほうが辛かったよな」と問うと、皆がそのとおりだと言った。これは本音なのだろうが、多分、彼らは内心ではその苦労を楽しんでいたところがあると思う。仕事ができる人間というのは、そういうものである。「楽ができて良かった」と考える人間とは違うのである。

融資の案件には様々な検討要素がある。申込金額の妥当性、資金使途（何に使うのか）、返済財源と返済方法（どうやって返すのか）、返済期間、担保や保証の有無などだが、まず財務諸表（決算書）分析によって返済能力（支払能力）の有無を確認しなければならない。分析結果が抜群に良ければ後の作業も楽なのだが、そういう例は少数派である。もっとも、分析結果が悪くて苦労した案件のほうが記憶に残っているだけなのかもしれない。

融資業務は次のようなプロセスを経る（以下、基本的には法人融資を対象として述べる）。

①受付
②必要書類の徴求
③稟議書作成
④稟議
⑤稟議決裁
⑥実行書類の徴求
⑦実行

順に説明していくと、①の受付は営業課員や融資課員が担当することが多い。もちろん、課長や次長、支店長が直接受け付けることもある。②の必要書類の徴求とは、融資の申込内容（これは①の段階で聞き取る）に応じて稟議書に添付する書類を顧客からいただくという作業である。これを⑥と同様に「徴求」と言うが、これは金融機関内部の用語なので顧客に対して「徴求書類はこれとこれです」などと言ってはいけない。個人的には金融機関内部であっても、顧客に対して「徴求」という命令的なニュアンスの言葉を使うことに抵抗感がある。

この①と②は密接な関係にある。人づてでなく、顧客から直接話を聞くことができるという意味で、私は上司が受け付けた案件よりも自分で受け付けた案件のほうがやりやすかった。この段階で融資を実行するとして、どのような形（組み立て）で行うかをある程度イメージする必要がある。ここで担当者の能力というか、センスが問われる。一般的には課長以上の役職の者が受け付けても、⑤を除く②以降のプロセスは担当者の仕事である（⑤を除く理由は後で述べる）。新規の顧客の場合、決算書は最低3期分をお預かりする。これは基本原則なので、能力やセンスが問われる余地はない（知らなければ無能と思われる）。決算書は原本をお預かりして、金融機関でコピーするのが基本である。決算書原本をいただくのは偽造したものを渡されることを避けるためだが、新人にこういうことをきちんと教えているかというとあやしいところもあると思う。その他の書類は、資金使途や返済財源、返済方法などによって異なる。例を挙げれば、※試算表、見積書、受注書類、資金繰り表などである。

融資のセンス

私が営業課員の時、融資の窓口に2人の男性がいらした。きちんとスーツを着こなしている。融資課員が不在だったので、私が応対した。話を聞くと、支店の営業区域内に所在する企業の社長と営業部長で、市のある制度融資を利用したいという。資金使途は※運転資金である。そして、決算書3期分、商業登記簿謄本（当時：現「履歴事項全部証明書」）、定款（写）、法人と代表者個人の印鑑証明書など必要書類を差し出した。新規の融資の申込書類としては完璧である。

ただ、書類が整いすぎている場合は「アブナイ」という経験則があった。そうした経験則とは別に、新規の場合は現場（企業）を訪問するのが原則なので、その旨を伝えると2人が明らかに落胆したのがわかった。3期分の決算書をコピーしてお返しする時には、もう諦めきった様子だった。後日、登記簿上の住所を訪れてみると、案の定、そんな企業は存在しなかった。

受付の段階でお預かりした書類、特に決算書を検討（分析）して融資できるかどうか判断する。この際に上司に相談するか否かはケースバイケースだが、新規の場合はある程度、話をしておいたほうが無難だろう。相談するにしても、「どうしましょうか」ではなく「こうやりたいのですが、いいですか」と自分の考え、つまり案件の組み立て方を伝えるべきである。前述のように、この段階で担当者のセンスが問われる。上司に「それでは無理だろう」と指摘されることが続くと、組織内での自分の信用が低下する。

誰に相談するか、誰に下話をするかも問題である。稟議書は下から上に上がっていく。一般的には〈担当者→融資課長→次長→支店長〉の順で、店長が最終的な決裁権者の場合を「店長決裁」（＊6）と言う（「店決」と略すが、これは金融機関によって異なるかもしれない）。「店決」の場合、店長の了解が得られれば問題ないが、稟議制度の構造上、中間にいる課長や次長を無視するわけにはいかない。だからといって、毎回、課長→次長→支店長と下話をしていたら、手間がかかって仕方がない（＊7）。この場合も自分の信用問題になるだろうし、自分が相手をどこまで信用しているかという問題にもなる。課長に相談して内諾を得ながら次長に相談に行けば、課長の判断を信用していないことになるからである。これは次長と支店長との関係でも同じである。この辺は自分と上司との人間関係の良し悪しも関連してくる。私の場合、難しい案件の場合は融資課長に相談して承諾を得たうえで、次長と支店長に事前に話をしておいた。店長と次長の中間に立って両者に同時に話すのがコツである。

＊6　金額や融資条件などによっては、本部の審査課長、審査部長、担当常務……とさらに上位者が決裁権者となる。信用金庫の場合は理事長、銀行の場合は頭取が最終的な決裁権者である。案件によっては、事前に本部に相談に行くこともある。

＊7　そもそも会議や打ち合わせをしないで、書類を回して承認を得るのが稟議制度なのである。ただ、周知のように日本では「根回し」という独自の風習がある。前述の事前の相談や下話も根回しの一種である。

組み立てができたら、顧客から借入申込書に署名と捺印をいただいて稟議書を作成して稟議をする。注意するべきことは、根回しが済んでいても実際に決裁されるまで、つまり店長が稟議書類に決裁印を押すまでは、顧客に「融資可能」と告げてはいけないことである。②から⑦のプロセスのうち、⑤だけは店長の裁量によるからである。

稟議が決裁されたら、顧客から実行書類をいただく（決裁前にいただいてはいけない）。実行書類とは、※証書貸付の場合は金銭消費貸借契約証書、※手形貸付の場合は約束手形で、担保を取る時は抵当権設定契約書なども必要になる。新規取引の場合は、この他に銀行（信用金庫）取引約定書なども必要で、これらの書類には顧客の署名捺印（実印）をいただく。実行書類がすべて整ったところで、融資を実行する。以前、学生から質問されたことがあったが、実行とは顧客の口座に振り込むことで、現金を直接渡すことはない。

融資しなければ倒産してしまうという瀬戸際にある企業もあるが、こういう企業の場合、稟議する前に、つまり案件として取り上げる前に「倒産もやむなし」として申込を謝絶してしまうので、稟議が否決されて企業が倒産してしまうということはめったにない。一般的には借入申込書を顧客からいただいて稟議した案件が否決されることはあまりないが、担当者が設定した条件よりも、金利や担保などについて厳しい条件が付加されることはある。そうした場合は、顧客にその条件を納得してもらわなければならない。

あまり楽しい仕事ではない。

手つかずの融資書類

案件が否決されることはあまりないと述べたが、本部稟議の場合、営業店側が自ら「取り下げる」ことはある。実質的な否決で、この場合も顧客との気が重い折衝が待っている。通常、顧客は借入申込書に記入して提出した時点で、融資が受けられると思い込んでいるし、それが当然でなければならないのだが、前述のような例外（担当者あるいは営業店側の判断ミスというか読み違い）もあるので、自信がない場合は別途条件が付くかもしれないと事前に予告しておいたほうがいい。

前述の組み立てがうまくできないまま、顧客から借入申込書を預かってしまい、融資の実行予定日までに稟議書が作れないことを「案件を握る（握ってしまう）」と表現する。金融界で一般的な表現かどうかはわからない。実際に握ってしまったことはもちろんないが、握りかけてしまったことはある。幸か不幸か（いや明らかに幸だが）、私の周囲で案件を握ってしまったという事故に遭遇したこともない。

以下は泊りがけの研修で講師を担当した際、夕食後にお酒を飲みながら某信用金庫の人（仮にA君とする）から聞いた話である。

入庫3年目で安定性預金の後方事務を担当していた職員B君が融資課に異動した。もちろん融資業務の経験はない。別のところでも述べたが、融資課は営業課に比べて狭き門で、この異動は一種の栄転だった。営業店内の異動は店長が決める。彼は店長の「お気に入り」だった。A君とB君は同期入庫で、A君はB君より先に預金課から営業課員になっていた。A君に言わせると、B君は「明るいけれど、ちょっと軽くて見栄っ張り」だった。「あんなことがあったので、今からすると、そんなふうに思えるのかもしれません」とも言った。

融資課員と営業課員はペアになっていて、A君とB君は共通の顧客を担当していた。融資課に入ったB君は、先輩に頼りながらも順調に仕事をしているようだったが、残業になるとイヤホンで音楽を聴きながら書類を作っているのが印象的だったそうである（こういうことは私の勤務先では考えられない）。

そのB君がある日、無断欠勤した。自宅に連絡しても不在で、携帯電話は電源が切られていた。そうこうするうちに、B君が担当する企業の社長と経理部長が来店した。この企業はA君の担当先でもあったが、どちらかと言えば融資課を中心に取引が動いていた。融資課の人間が応対すると、今日は以前から依頼していた融資の実行日で、その資金は重要な取引の決済資金であるという。

融資課はパニックに陥った。B君の机を開くと、その企業の融資関連資料が手つかずのまま出てきた。不運なことに本部決裁の案件だった。支店長が対応して1日だけ待ってもらうことで、何とかその場を収束した。A君は外出していたので、その場には立ち会っていなかったし、その案件自体についてもまったく知らなかった。

翌日、店長と融資課長が同社を訪問して詫びを入れて、事態は一応収まったが、数日後、A君が同社を訪れると挨拶をする間もなく社長に殴られた。彼は泣きながらバイクに乗って営業店に帰った。

所在不明だったB君は、1週間後に姿を現した。親戚の家にこもっていたらしい。そして、しばらくして退職した。どんな形で退職したのか、上司が何も言わないのでA君にはわからない。ただ、退職した日の午後、預金課の女性とのんきに談笑していた。その様子が忘れられないと言った。B君からA君に特に挨拶はなかったそうだ。

1年後、融資課員となっていたA君は、同期入庫の女性と結婚していた。ある日、融資課の先輩と飲みに行った。B君とも時々来たことがあるスナックである。そこにB君がいた。同僚らしい人と一緒だった。B君は何の屈託もない感じでA君に話しかけてきた。現在は隣町の事務機器販売会社で営業をしていると言った。A君が結婚したことも、なぜか知っていた。あの日「現場」にいた先輩は、B君を完全に無視している。A君も自分からはほとんど話をしなかった。そのうち、「A、おまえ、がんばってるな」と言ってB君は自分の席に戻っていった。

しばらくして、B君のほうを見ると、両手をテーブルの上においてがっくりとうなだれていた。前に座る同僚が心配そうに見ていた。帰りがけに再び見ると、先ほどとまったく同じ姿勢でいた。自分がやってしまったことの重大さにやっと気がついたのかもしれない。「とことんまで落ち込んだ人間の姿ってああいうものだと思いました」とA君は言った。

4

思い違いを責めないで

バルブ

1980年代前半、演歌歌手の大物、村田英雄の珍妙な言動が評判になり「ムッチーブーム」が起きた。村田はバラエティ番組などにも登場するようになった。ブームの仕掛け人のビートたけしとテレビで対談しているのを見たが、自分がオチョクられてブームになっているのに、きまじめかつ鷹揚に構えているところが逆におかしかった。

大半がフィクションだったらしいが、村田の「言動」の「言」のほうで覚えているのは以下のものである。

・ホテルのフロントで「村田だ。キーを出せ」と言ってから、売店で「村田だ。ガムをくれ」と言った。

・バーでキープしていたボトルを出してもらう時に「村田だ。ボルトを出せ」と言った。

特に後者の印象が強い。「ムッチーブーム」の10数年後に同じような思い違いをしている人と一緒に仕事をしたからである。本部のあるセクションに属していた時、私よりもかなり先輩の男性、実質的にそのセクションのナンバー2の立場にある人が、「バブル」を「バルブ」と言うのである。しかも結構おしゃべりな人で「バルブ」を頻発する。

あれほど多用されるとセクションのリーダーも含めて、誰も間違いを指摘できない。業界の会合に出席するなど対外的な仕事もする人なので、外部で「バルブ」していると思うと心が痛かった。こういうことは早めに指摘してあげることが本人のためなのだが。

私も飲んだ席で〝REIT〟(Real Estate Investment Trust：不動産投資信託)を「レイト」と言ってしまったことがあるが、その時は同席していた2人がすかさず「リート」と訂正してくれたので、後々まで恥をかかないですんだ。この先輩の場合は、セクションで最も若い男が(他人のいないところで)間違いを指摘して収まった。以来、その人は「バルブ」はもちろん「バブル」という言葉も使わなくなってしまった。

外部で研修の講師を務めた時、黒板に〝※LIBOR〟と書いてから、受講者の1人に話を振ったところ、その人が「リボルバー」と読んでしまったので「ライボー」と言えなくなってしまった(勤務先の職員を対象とした研修ならそんな遠慮はしない)。仕方なく〝London Interbank Offered Rate〟で通すはめになった(配布資料には「ライボー」と書いておいたのだが)。

この手の思い違いの例は意外に多い。入庫したばかりの頃、融資課の先輩が「※利益《りえき》相反《そうはん》行為」を「リエキアイハンコウイ」と話していたので、何となく尊敬できなくなってしまったことがある。あるパネルディスカッションでパネリストの1人が「フィードバック」を「フィールドバック」とさかんに言うので辟易したが、他のパネリストとコーディネイターも辛かったと思う。「メリルリンチ証券」を「メルリ」と略して話す人もいた。

「401k」を「ヨンヒャクイチキロ」と言った人もいた（これはウソです）。「401k」と言えば思い違いではないが、こんなことがあった。「日本版401k」（にっぽんばんよんまるいちケー）の導入前に、資産管理機関として指定を受けるために、某信託銀行が私の勤務先で関係者を集めてプレゼンテーションを行った。昼食後の午後の早い時間帯で、私はなぜか猛烈な睡魔に襲われていてプレゼン中はほとんど眠っていた。ただ、一つだけ気になる発言が耳に入った。プレゼンテーターが「当行はモダンポートフォリオセオリー（Modern Portfolio Theory）を採用しているので安全確実な運用が可能です」という意味のことを言ったのである。

そこでプレゼンテーション終了後にこう質問した。

「モダンポートフォリオセオリーは確かに証券投資において有力なフレームワークですが、それを採用しているからといって投資の安全性や確実性が保証されるわけではなく、それは必要収益率とリスク許容度によるのではないですか」

プレゼンテーターはすぐに「それはおっしゃるとおりです」と答えたが、信用金庫の人間はモダンポートフォリオセオリー（現代ポートフォリオ理論）なんか知っているはずがないと考えてカマシタのだろう。後で当金庫の担当者に「あれは誰ですか？」と尋ねたらしいが、「ニャロメ」である。私の上司は「ずっと眠っていたくせに、質問したのは君だけだったな」と言った。

コンテイトウ

ある支店で営業課員だった時、積立の集金をしているそば屋のご主人から借入の申込を受けた。製麺機を買い替えたいのだと言う。申込金額は200万円弱だったと思う。ご主人は40代半ばの方で、お店は賃借物件だった。「やった。融資新規だ」と思って張り切った。法人ではなかったので、個人事業主用の信用調査票をバッグから取り出してヒアリングを始めた。

ご主人の経歴、家族構成、売上高の推移、自宅の土地建物の面積や所有権の状態などをうかがっていくうちに、ご主人がだんだん不機嫌な顔になってきた。そして、「なぜそんなことを聞くんだ。プライバシーの侵害だ」と怒り始めてしまった。何とかなだめて、確定申告書も預かったのだが、不服そうな態度は変わらなかった。

この方は関西出身だが、都内の大学を卒業してから数年間のサラリーマン生活を経て、老舗のそば屋で修業して独立開業した。大学時代の友人が関西の銀行の支店長をしていて、彼に「借入の申込をした時に、何も聞かずに黙って貸してくれたら、お前はその金融機関に信用されている証拠だ」と言われたそうだ。余計なことを言ってくれたものである。だから、ご主人は当金庫（私）が自分を信用していないと思ったのである。預金取引だけでほとんど情報がない個人事業主の方に、金融機関が何も聞かずに黙って融資するかどうか、お友だちの支店長に聞いてもらいたかった。

それでも何とか融資を実行すると、挨拶のつもりだったのか、珍しくご主人が来店した。たまたま営業課員が何名か店内にいたので、一緒にローカウンターで話をした。ご主人は若い課員の1人が自分の大学の同窓だと知ると、急に先輩風を吹かすようになった。

私にあれこれ聞かれたことをいまだに根に持っていて、自宅の土地建物を担保提供すれば何も聞かれずに借入ができるはずだと言う（そんなことはない）。不動産を担保とする場合は、抵当権か※根《ね》抵当《ていとう》権を設定するのだが、ご主人は後者を「コンテイトウ」と言った。

「コンテイトウ！　コンテイトウ！」とさかんに連呼するご主人を前に、誰か訂正してやってくれと必死に念じたが、もちろん誰も何も言わなかった。

5

バブルの頃

終わりの始まり

池井戸潤の『オレたちバブル入行組』（文春文庫、2007年）を読んだ。2013年に「半沢直樹」（主演：堺雅人）というタイトルでテレビドラマ化されて大ヒットした本である。ドラマは見なかったが、興味を覚えて原作を買った。この小説は導入部分がいい。著者は序章のラストで次のように述べる（時点は1988年）。

「バブル・ピークの狂乱が始まる直前、五人の学生たちはそれぞれに夢を抱き、希望に胸を膨らませて銀行の門をくぐったのだった。

これから何が起きるとも知らずに」

よくありがちな書き方と言えばそれまでだが、その後に実際に起こったことを考えると実にリアリティがある。私は1988年前後の5年間は、前半が営業課、後半は融資課に所属していた。

1985年に民営化されたNTT（日本電信電話株式会社）の政府保有株式が、1986年から1988年にかけて3回売り出された。何回目の時のことかは忘れたが、夕方、あるお客様から電話が入り、「NTTの株式購入権を入手したので、明日までに2

00万円貸してほしい」と言われた。小さな商売をしている若くまじめな人だったが、さすがに「明日までは無理」とお断りした。

NTT株と言えば、こんな思い出がある。中小企業診断士養成課程に在籍していた1989年に、某地方銀行の支店長をしていた叔父の営業店を訪ねた。アポを取らずに行ったのだが、幸い叔父は在席していた。外出して帰ったばかりで、訪問先は地元の資産家でNTT株が少し下がったので、※ナンピン買いをしたと話したそうだ。一株百数十万円（額面5万円）もする株のナンピン買いをするのだからスケールが大きい。お金というものはあるところにはあるものだと思った。

この年の12月29日（大納会）に日経平均は3万8957円の最高値を記録し、終値は3万8915円だった。後から見れば、これが「終わりの始まり」だったのだが、世間がそのことに気がつくまでにはしばらく時間がかかった。診断士養成課程を修了して本店で融資を担当していた時だから1990年のことだと思うが、20代に見える若い女性が定期預金を担保に融資の申込に来た。資金使途を聞くと株式投資だという。普通のOL風なのだが、話しぶりはプロの投資家のようだった。当時は〈日経平均は5万円までいく〉といったタイトルの本が出ていたという記憶がある。私自身は株式購入資金の融資申込は、この2件以外には後述する1件しか受けたことがなかったが、当時は借入をして株を買うということに抵抗がない人が多かったようだ。

もっとも、借入をして買った株の株価が下落して苦しんでいる企業は何社も見た。保有している株を売れば、売却損が出てしまう。株式購入資金の借入金が固定化してしまっているため、本業の資金繰りのための融資が容易に受けられない。ある社長は業況をうかがうために会社を訪問した私の前で「バカなことをしました」と涙を流した。こうした状態に陥った企業は保有している有価証券（株式）を時価評価すれば実質的に赤字か※債務超過となる。当然、本部の審査も厳しくなるから担当者も辛いのである。手形貸付の書替（単名のころがし）のたびに胃が痛くなる思いをした。

株ではなく、土地に投資する人も多かった。これは1980年代後半のことだが、40代前半のご夫婦が融資の窓口にいらした。静岡の分譲地を購入したいので融資を受けたいというお話だった。自宅は地元の横浜にあって転居するわけではないので、完全な投資目的の購入である。自宅の土地建物には他の銀行の住宅ローンの抵当権が設定されているが、土地価格が上昇していたため、担保余力は十分にある。ご主人はゼネコン勤務、奥様は証券会社勤務で住宅ローンの返済額を加味しても返済比率に問題はない。上司の融資課長とも相談して、ご夫婦の連帯債務で自宅の土地建物に第2順位で抵当権を設定して、金利は※長期プライムレート＋αという条件で申込を受けることにした。

　融資条件をご夫婦に伝えると、ご主人が「長期プライムレート以下の融資はないのですか」と言う。すると奥様が「あるかないかではなくて、この条件でよければ融資するという意味なのよ」と言った。金融機関に勤める奥様のほうが、こういうことはわかっていた。このご主人はサラリーマンなので仕方がないのかもしれないが、企業を経営していても金融について誤解している人がいた。電話で「融資金額500万円、期間3年だと金利は何％ですか」と問い合わせてきたのである。融資には「定価」がないことを説明するのに、少してこずった。

　結局、このご夫婦の申込は条件どおりで融資したが、稟議書を見た支店長が、「これ何だい？」と尋ねてきたので「単に土地を買いたいというだけです」と答えた。地価が上昇し続けていたので、どこかで転売するつもりだったのだろうが、うまくいったのかなと後から思った。

肩代り合戦

バブルの頃は低金利だったので、住宅ローンの※肩代りも盛んだった。こちらから仕掛けたこともあるし、逆にやられたこともある。ある地域金融機関がメイン取引の企業の社長は、住宅ローンは俗に「住専」と言われる※ノンバンクの住宅金融専門会社から借りていた。自宅兼事務所が私の勤務先の営業店に近かったので肩代りに同意してくれた。メインバンクにその旨を話すと「先に相談してくれればよかったのに」と言われたそうだ。これはひっくり返されるかなと思ったが、社長は律儀に当金庫の肩代りを翻意することはなかった。住宅ローンは担保とする土地建物に第1順位の抵当権を設定しなければならない。現在は第1順位のノンバンクの抵当権の後に第2順位でメインバンクの根抵当権が設定されているので、融資実行と同時に順位変更登記をしなければならない（そのまま肩代りするとメインバンクの根抵当権が第1順位になる）。社長にメインバンクの担当者の名前を聞いて、電話で必要書類を用意してくれるようにお願いした。社長によると担当者は20代で私より少し年下らしい。余裕を見て実行予定日の10日前に連絡した。普通ならその半分の期間で十分用意できるはずである。

　実行日の前日に念のために確認の電話をメインバンクに入れた。すると担当者は「まだ準備できていない」と言う。嫌がらせか怠慢かはわからないが、カッとなると同時に焦った。そこで、「既に司法書士の先生もお願いしているし、社長さんにも明日実行するとお約束している。実行できないとノンバンクも含めて関係各所にご迷惑がかかるので、そちらのミスで書類の準備ができなかったと支店長名で文書をください」と言った。すると彼は一瞬絶句してから「ちょっと待ってください」と言った。電話越しに彼の上司らしい人の声が聞こえた。「いつ言われたんだ……」しばらくして彼が出て「明日、本部へ行って10時までに書類を用意します」と言った。この肩代りは無事に終了した。

　逆に肩代りされたこともある。融資担当だった時に当金庫のお客様が来店して住宅ローンを完済したいと言った。金利面でご不満があるなら検討しようと思った矢先に電話が鳴った。預金課の女性が取り次いでくれて、近隣の都市銀行の支店からだった。電話に出て「いつもお世話になっております」という型どおりの挨拶を交わして互いに名前を名乗ると、相手の男性は「今、来店しているお客様の口座に返済資金を振り込んであるので、その場で完済の処理をしてほしい」と言う。あらかじめ打ち合わせして電話してきたのは明らかだった。「やられた！」という感じで、きれいに切られたので痛みも覚えなかった。前述の例とは異なって、この場合、後順位の担保権がないからローンを返済してしまえば当金庫の抵当権は消滅する（抹消登記は必要）。

同時期にお客様から肩代りを打診されたことがある。来店したのは奥様で30代の品の良い女性だった。ローンの借主であるご主人のことをうかがうと、大手航空会社のパイロットで、年収や返済比率などまったく問題がない。そう話すと「それはわかっているんです」と言われてしまった。つまり、どのくらいの金利（低い金利）で扱ってくれるかが問題だったのだ。この件は営業担当者を訪問させて実行した。

買わなければならない

前述の静岡の土地を購入するご夫婦の融資を実行した直後に中小企業診断士養成課程に出向してしまったので、純粋な投資目的の土地の融資はこの1件しか経験していない。出向から戻って本店の融資課に配属になった時には、もう土地取引の※総量規制が行われていたので投資目的の土地取引自体が困難になっていた。

そんな時、融資の窓口に1人の男性がいらした。年齢は私とほぼ同じくらいで30代半ばかと思われた。差し出された名刺を見ると某信託銀行の課長である。250万円借りたいと言う。資金使途は担当する企業の株の購入資金で、「買わなければならないから」という話だった。当時、信販会社が保証する資金使途自由（＊8）のローンがあった。それでよければと話すと「お願いします」と言う。年収などに問題があるはずもなく、簡単に保証が下りて実行した。その時、彼が「助かりました」と言ったのが印象的だった。

＊8　資金使途自由と言っても、公序良俗に反するような資金使途はダメである。例えば「麻薬を買う」とか。これは融資全般に当てはまることである。

この方はしばらくすると再来店して、担当先のレストランの店内改装資金で2000万円の融資案件があるのだが、こちらでやってもらえないかと持ちかけてきた。本店の営業地区内にある、私も知っているお店だった。「なぜ、御行で融資しないのですか」と尋ねると「ウチではロットが合わない」とのことで、聞くと最低ロット5000万円からだそうだ。早速、営業担当者を訪問させて実行したが、先日の融資のお礼のつもりだったのかもしれないと思った。

１９９０年代前半はまだバブルなムードが残っていて、景気低迷が明らかになってきたのは１９９３年頃からだろう。ちなみにバブル経済の象徴として取り上げられることが多いディスコ、ジュリアナ東京の開店は１９９１年5月で、閉店は94年8月である。ゼネコン、証券会社、都市銀行、大手航空会社、信託銀行。ここで取り上げた方たちの業界は、この20年で時代の大きなうねりにさらされた。もちろん信用金庫業界も例外ではなかった。

ホーム・バンキング

定時に銀行の建物を出て、駅で夕刊紙を買って電車に乗り込んだ。電車が動きだすとすぐに携帯電話が鳴った。この電話番号を知っている人間は何人もいない。副業でやっているコンサルティング会社の関係者、ごく親しい友人数人、今付き合っている6人の女性だけだ（婚約者1人、恋人2人、ガールフレンド3人）。

電話をかけてきたのは友人の1人だった。「話がある。今夜飲みたい」と言う。「軽く飲む程度ならいいだろう」と思ってOKと答えたが、友人の話は意に反して重かった。転職の相談だったのだ。賛成も反対もしたくなかったが、相手が賛成してもらいたがっているので反対することにした。帰宅したのは真夜中だった。

翌朝、いつものように4時に起きた。時間がないので日課のジョギングは中止した。パソコンの電源を入れると、バッグからX社の資料を取り出して、コーヒーを飲みながら仕事を始めた。

5億円の設備投資の融資案件の検討である。コンサルティングの仕事で使う現在価値基準で投資の経済性計算をするファイルがある。それを使ってレポートを作成した。6時までかかった。トーストとハムエッグの朝食を食べてから出勤した。

銀行に入ると、制服に着替えて通用口のところに立った。融資担当のT係長が到着したのは7時30分だった。今朝作ったレポートを差し出すと、彼は周囲を素早く見回して、他人がいないのを確認して受け取った。会釈すると彼は足早にエレベーターに向かった。この間ほんの数秒。お互いひと言も話さなかった。謝礼は今日振り込みになるはずである。

この銀行の警備の仕事に就いてから3年になる。

6

ウソは罪　～It's a sin to tell a lie.

キャッシュフローの台頭

中小企業の場合、財務諸表とは、貸借対照表、損益計算書、株主資本等変動計算書、個別注記表を指す。上場企業は金融商品取引法（旧証券取引法）に基づいて、貸借対照表、損益計算書、株主資本等変動計算書の他にキャッシュフロー計算書、付属明細書を作成する。貸借対照表、損益計算書、キャッシュフロー計算書を併せて「財務3表」と言う（参考4〜6）。現在は地域金融機関の融資業務においてもキャッシュフロー分析が主流になっているが、中小企業にはそもそもキャッシュフロー計算書の作成が義務づけられていない。そのため、中小企業を対象にキャッシュフロー分析を行う場合は別のツールが必要となる。

たいていの金融機関では財務諸表の分析はシステムで行うようになっており、そのシステムでキャッシュフロー計算書を分析帳票として出力する金融機関もある。それを使ってキャッシュフロー分析を行う人も多いと思うが、私は従来からある資金移動表を重視している。キャッシュフロー計算書では、手形割引を手形の売買という営業取引と捉えるため、割引手形の増加分を「営業活動によるキャッシュフロー」に含める（参考

参考４　主な財務諸表

	略号	正式名称
財務諸表	F S	Financial Statements
貸借対照表	B S	Balance Sheet
損益計算書	P L	Profit and Loss Statement
キャッシュフロー計算書	C S	Cash Flow Statement

貸借対照表は期末（決算期・貸借対照表日）における企業の財政状態（資産・負債・純資産の状態）を示す表で、決算期という一時点における資産・負債・純資産の残高を表す「ストック」の概念である。一方、損益計算書は一会計期間（通常は１年間）における収益・費用と利益（損失）を示す「フロー」の概念である。そのため、貸借対照表のデータを利用した分析を静態的分析、損益計算書のデータ、あるいはそれに貸借対照表のデータを加味した分析を動態的分析と言うこともある。

参考５　貸借対照表の様式

貸借対照表

（平成　×年　×月　×日現在）　　　　単位：円

項　目	金　額	項　目	金　額
〈資産の部〉		〈負債の部〉	
Ⅰ流動資産		Ⅰ流動負債	
現金および預金	○○	支払手形	○○
受取手形	○○	買掛金	○○
売掛金	○○	短期借入金	○○
有価証券	○○	未払金	○○
製品および商品	○○	未払法人税等	○○
短期貸付金	○○	賞与引当金	○○
その他	○○	その他	○○
貸倒引当金	▲○○	Ⅱ固定負債	
Ⅱ固定資産		社債	○○
（有形固定資産）		長期借入金	○○
建物	○○	退職給付引当金	○○
構築物	○○	その他	○○
機械および装置	○○	**負債合計**	○○○
工具、器具および備品	○○	〈純資産の部〉	
土地	○○	Ⅰ株主資本	
その他	○○	資本金	○○
（無形固定資産）		資本剰余金	
ソフトウェア	○○	資本準備金	○○
その他	○○	その他資本剰余金	○○
（投資その他資産）		利益剰余金	
関係会社株式	○○	利益準備金	○○
投資有価証券	○○	その他利益準備金	○○
出資金	○○	自己株式	▲○○
長期貸付金	○○	Ⅱ評価・換算差額等	○○
その他	○○	Ⅲ新株予約権	○○
貸倒引当金	▲○○	**純資産合計**	○○○
資産合計	○○○	**負債・純資産合計**	○○○

参考6　損益計算書の様式

損益計算書

（平成×年×月×日～平成×年×月×日）単位：円

項　目	金　額
売上高	○○
売上原価	○○
売上総利益	○○
販売費および一般管理費	○○
営業利益	○○
営業外収益	
受取利息	○○
受取配当金	○○
雑収入	○○
営業外費用	
支払利息	○○
手形割引料	○○
雑支出	○○
経常利益	○○
特別利益	
固定資産売却益	○○
投資有価証券売却益	○○
前期損益修正益	○○
特別損失	
固定資産売却損	○○
減損損失	○○
災害による損失	○○
税引前当期純利益	○○
法人税等	○○
当期純利益	○○

7）。手形割引の法的性質としてはそのとおりだが、金融機関からすれば手形の割引は融資の一手段である。その意味で、割引手形の増加分を長期・短期の借入金の増加分と同様に財務収支の部に区分する資金移動表のほうが、融資審査という側面からは有効性が高いからである。

前述のように過去10数年での融資審査における大きな変化は、キャッシュフロー分析が重視されるようになったことだろう。20年くらい前は「利益計上している以上は正常先とみなす」などという低レベルの議論があったが、近年は「赤字でもキャッシュフローがプラスなら良い」とするなど様変わりしている。これも考え方としては問題があるが、さらに「減価償却費の範囲内なら赤字でも良い」などという誤解も一部に生じている。

本書は財務分析の解説書ではないので、この問題についてはこれ以上触れないが、財務的に見た場合の企業経営について定義すると、「企業経営とは資本（と利益）と負債の形で調達した資金を、資産として運用する過程で損益計算上の利益を追求する行為」である。したがって、赤字は企業にとって好ましい状態ではなく、企業は損益計算上の利益を計上すると同時にキャッシュフロー（資金繰り）も健全な状態に保っていなければならない。大学生には企業は「赤字のために倒産する」と思っている人が多いが、企

参考７　資金移動表とキャッシュフロー計算書

【資金移動表】

＊経常収支の部＊

経常収入
売上
売上債権増加▲
前受金増加
営業外収入
＊経常収入合計
経常支出
売上原価
販売費・一般管理費
営業外費用
棚卸資産増加
仕入債務増加▲
前渡金増加
減価償却費▲
貸倒引当金増加▲
退職給与引当金増加▲
＊経常支出合計
A経常収支

＊固定収支の部＊

固定支出
固定資産増加
繰延資産増加
未収金・仮払金増加
その他流動資産増加
その他流動負債増加▲
その他固定負債増加▲
特別利益▲
特別損失
＊固定支出合計
決算支出
法人税等
配当金
＊決算支出合計
B設備決算支出

＊財務収支の部＊

財務収入
増資
長期借入金増加
短期借入金増加
割引手形増加
＊財務収入合計
財務支出
有価証券増加
長期貸付金増加
短期貸付金増加
＊財務支出合計
C財務収支

A－B＋C 現預金増加

【キャッシュフロー計算書（直接法）】

Ⅰ　営業活動によるキャッシュフロー

営業収入
原材料及び商品の仕入支出
人件費支出
その他の営業支出
小計
利息及び配当金の受取額
利息の支払額
法人税等の支払額
営業活動によるキャッシュフロー

Ⅱ　投資活動によるキャッシュフロー

有価証券の取得による支出
有価証券の売却による収入
有形固定資産取得による支出
有形固定資産売却による収入
……………………
投資活動によるキャッシュフロー

Ⅲ　財務活動によるキャッシュフロー

短期借入による収入
短期借入金の返済による支出
長期借入による収入
長期借入金の返済による支出
社債の発行による収入
社債の償還による支出
株式の発行による収入
配当金の支払額
……………………
財務活動によるキャッシュフロー

Ⅳ　現金及び現金同等物に係る換算差額

Ⅴ　現金及び現金同等物の増加

Ⅵ　現金及び現金同等物期首残高

Ⅶ　現金及び現金同等物期末残高

出典：「入門！企業分析の手法と考え方」中島久著

業が倒産するのは資金繰りがつかなくなった時（支払能力を喪失した時）である。そうした企業は赤字であることが多いが、赤字であることが倒産の直接の原因ではない。逆に黒字倒産という事態も多々ある。

一方、財務諸表分析は過去の分析であることも忘れてはならない。「継続企業の前提」（ゴーイングコンサーン）に立てば、財務諸表は決算期という一時点における状態を示したものに過ぎない。中小企業は一般に法人税の申告期限に合わせて財務諸表を作成するので、金融機関の職員が目にする財務諸表は２ヵ月前の企業の状態である。しかし、これを企業の現在の姿と捉えてしまう金融機関の職員も多い。

ラウンドナンバーの手形

中小企業の経営者には、財務諸表を法人税申告書の付属書類程度に考えている人がいる。財務諸表の内容より法人税の支払いのほうが切実な問題なのである。ある企業の社長は、手形割引取引を始める際に決算書の提出をお願いしたら、事務所の金庫から法人税申告書を取り出して「これでいいのかな」と自信なげに言った。ただし、法人税申告書の別表と勘定科目内訳明細書は、融資審査においてとても重要かつ有効性が高い資料である。

　手形割引の取引が始まってしばらくした頃、この企業がある手形の割引を申し込んできた。営業課員だったので、場所は営業店の窓口ではなく会社の事務所である。割引取引を始めてまだ間もない頃だったが、振出人が都内の会社で、これまで割った銘柄と明らかに異質な感じがした。金額は１００万円である。このように５００万円、１０００万円など端数のつかない金額の手形をラウンドナンバーの手形と言い、融通手形（後述）の特徴の一つとされる。

　そこで「この会社の仕事をしたんですか」と尋ねた。世の中には平気でウソをつける人とつけない人がいる。この社長は後者のほうで、「…う、うん」とこちらの目を見ないで答えた。それで思わず「社長、これ融手でしょう」と言ったら、あっさり認めてしまった。根は正直な人なのである。ただ、その場で融手と指摘してしまったが、これはまずかった。人は自分に非があっても、面と向かってそれを指摘されると逆ギレすることがあるからだ。この時は幸いそうならなかったが、いったん持ち帰ってからお断りするべきだった。

　融手とは「融通手形」の略称で、商取引の裏付けがなく、金融機関に持ち込んで割引して資金を手にすることを目的に振り出された手形である。一般の商業手形に比べて決済の確実性が低く、手形割引取引では、この融手の混入に注意しなければならない。融手には手形の振出しの形態などによって、いくつか種類がある。同一金額で同一期日の手形を相互に交換する「書き合い手形」、いわゆる「往復融手」が一般的なパターンである（この例については「10　融資の現場」参照）。ここで紹介したケースの場合、「書き合い手形」の可能性もあるが、割引を依頼した企業の資金繰りに問題はなかったので、振出人の企業が資金調達力のあるこの企業に頼んで割り引いてもらおうとしたのだろう。これを「資金調達手形」と言う。逆に信用力のある企業が手形を振り出し、手形を受け取った裏書人が金融機関に持ち込んで割引を受けるものを「貸し手形」（相手からすると「借り手形」）とか「好意手形」と言われる。次に述べるのがその例である。

　以前、休日に近所の喫茶店でコーヒーを飲みながら原稿のメモを取っていたら、「○○銀行が……、××信金が……」という会話が聞こえた。そちらを見ると、反対側の窓際の席に中年の男性が2人座って話をしている。そして、片方の男性が「それじゃ、これを」と言って手形を差し出した。もう1人の男性が頭を下げて「すみません。必ずお返ししますから」と言い、相手は鷹揚にうなずいていた。「貸し手形」（借り手形）のやり取りの現場を目撃したわけである。あの手形はどこの金融機関に持ち込まれたのだろう。

融手ではないが、書店の経営者が電話で金策をしているのを聞いたことがある。意識的に聞いたわけではない。事務所で電話しているのだが、壁が薄いので話が筒抜けなのである。しかも大声である。

「あいすみません。はい、〇〇万円ほど、お願いしたく申しわけありません……」

何も店内に客がいる営業時間中に電話しなくてもと思ったが、よほど切迫していたのだろう。書店は返品制度があるから資金繰りは楽だと考える人が多いが、実際には取次会社から配本された新刊本については、一度現金で決済しなければならないので資金繰りに窮することもある。

「融手です」とまともに割引を依頼されたこともある。融資担当の時、席で仕事をしていると、若手の営業課員が「中島さん、融資のご新規のお客様です」と言ってきた。愛想の良い笑顔が売りの男である。その時も満面に笑みを浮かべていた。案内されてきたのはひと目で水商売とわかる若い女性だった。彼女はローカウンターの私の前に座ると、1枚の手形を取り出して割引してほしいと言った。振出人は製造業らしい企業である（この女性がこの企業の仕事をしたとはとても思えない)。そこで、どうしてこの手形を手に入れたのかを尋ねた(「手形の成因」と言う)。すると、彼女は「お店の経営が苦しくて、常連のお客さんに相談したら、この手形をくれて銀行で割ってもらえと言われました」と答えた。明らかな融手である。これは「貸し手形」だが、この場合は「好意手形」と言ったほうがしっくりくりする。こういう手形は割引できないということを丁寧に説明して、彼女は納得してお帰りになった。

私は立ち上がって、さっきの営業課の若手を呼びつけた。

「バカヤロー！　融手じゃないか」

別に彼が悪いわけでもないのだが、売り物の愛想の良い能天気な笑顔がなぜか無性に腹立たしかったのだ。

7

怖い人たち

プロ

営業課員だった時、午後3時頃にいったん営業店に戻った。集金額が大きかったので、入金処理をしてから再度出かけようと思ったのだ。営業室に入ると預金課長に「ちょうどよかった」と呼ばれた。

公共料金の払込みを受けた窓口係が、お客様に返す領収書ではなく、金融機関が預かる納付書を間違えて返してしまったので、お客様の家へ行って取り替えてきてほしいと言う。納付書はその日のうちに持ち出さなければならない。3時半過ぎには交換便と呼ばれる配送車が営業店に来るので、それまでに回収する必要がある。

お客様は中年の男性だったそうで、家は私の担当地区内である。地図で見るとバイクなら数分の距離にあるアパートだった。簡単な仕事だし、お客様が家にいれば十分に間に合うと思った。2階建てのアパートの前に着いた時、何となく嫌な感じがした。お客様の部屋は2階の角部屋である。そのまま訪問するのは危ない気がしたので、近所の担当先を訪ねて様子を聞いてみた。小さな工場を経営するご主人は、「中島さん、あの家だけは行っちゃいけないよ。この間も車のセールスマンがつるし上げられたんだよ」と言う。「冗談じゃないよな」と思ったが、行かないわけにはいかない。少し逡巡したが、思い切って訪問すると何事もなく処理ができた。

この時は無事に済んだが、本当に訪問したらタダでは済まなかったろうということがあった。新規訪問は新店舗の開設といった例外を除いて、事前に調査をしてから訪問する。「飛び込み」型の営業は基本的にしないと別のところで述べたが、営業の研修の一環としてある地区の事業所・住宅を軒並み訪問することがあった。ローラーである。研修用に新たに地区を設定したので、事前知識がほとんどない。

ある雑居ビルのエントランスに入って郵便箱を見ると、何となく気になる社名の企業があった。特に変わった社名ではないのだが、頭の中で警報が鳴った。引き返して担当先で地域の事情通の人に聞くと、その企業は今で言う反社会的勢力に属するところで、しかも社長はかなりの大物だという。研修とはいえ、もちろん訪問はしなかった。危ないところだった。

その後、調べてみると、そこの社長の自宅は私の担当地区内にあった。以来、その企業にも社長の自宅にも近づかないようにしていたが、営業活動で地区を回っているうちに、どの人が社長かもわかった。長身でやせ形の人だった。

ある日、担当先ではないが、取引先の喫茶店を訪問した。マスターに通帳を届けるだけの仕事だった。喫茶店に入った瞬間、例の社長が左側の席に座っているのが見えた。マスターは正面のカウンターの中にいる。左側を絶対に見ないようにして前に進み、マスターに通帳を渡した。店内に入った時から、その人の強烈な視線を感じていた。「プロ」の飛ばすガンはすごいもので、夏場で薄い背広を着ていたのだが、背中にビンビン響いた。店の外に出てバイクにまたがったが、窓ガラスをも通過してきた。幸いそういうニアミスはそれ1回だけだった。

経理担当者の女性

こうした例とは違う意味で怖い思いをしたことがある。第1章で述べたように、中小企業事業団・中小企業大学校の中小企業診断士養成課程に出向していたのは、1989年の秋から1990年の秋までの1年間だった。学生でも社会人の方でも、ちょっと長めの休暇を取った後は日常生活のリズムに戻るのに時間がかかることはわかると思う。ましてこの出向は1年間で金融業務とはほぼ無縁の勉強をしていた。そうした状態で出向から戻り、融資課に配属になった私はかなりの違和感を覚えていた。この1年の間に金利水準がかなり変化していたことも戸惑う原因だった。出向前は6％だった長期プライムレートが9％近い水準に上昇していた。短期プライムレートも同様に8％台になっていた。

前任者も外部へ出向するという事情があったため、担当先の引き継ぎはほとんどできなかった。頼りは几帳面な前々任者が残してくれていたノートである。担当先の連絡先と特徴が細かく記されていた。そのノートと以前から融資課に所属している先輩、後輩を頼りに仕事を始めた。最初のうちは挨拶にみえる企業の社長や経理担当者との応対が中心だった。もちろん、その場で手形割引など融資の申込を受けることもあった。

そんな時期にある企業の副社長で経理担当の女性が来店した。私よりもずっと年配の方である。例のノートには特に何も書いていなかったが、融資課の先輩には「怖い人」だと聞かされていた。女性が経営者（社長）の企業はほとんど担当したことがないが、経理部長など準経営者的な立場の女性は多かった。経験則で言うと、概して女性のほうが交渉がきつい。この副社長の女性は名刺交換と挨拶が終わるとこう言った。

「弊社の手形割引のレートは何％ですか」

前述のように金利感覚が戻っていなかったので、とっさに基準金利を答えようとした。

「上場銘柄の場合は……」と言いかけると、彼女はそれをさえぎった。

「いえ、そういうことではなくて、中島さんは弊社に対してどういうレートを提示してくださるかをうかがいたいのです」

つまり、同社に対する評価を金利で示してほしいということである。着任したばかりで財務諸表分析の結果もよく頭に入っていない。「バランス」と呼ばれる取引状況が一覧できるシートと融資ファイルの中の財務分析指標の一覧表を見ながら考えた。手形割引は某地方銀行でも行っている企業なので、そこよりも高い金利を提示するわけにはいかない。低い金利を提示すれば顧客は満足するかもしれないが、融資担当者としてなめられるだろうし、上司が認めないかもしれない。資料を見ながら必死に考えた。5分くらい考えたような気がしたが、実際には1分も経っていなかったと思う。怖かったが、思い切ってあるレートを言った。

「○・○○%でいかがですか」

「わかりました。ありがとうございます。今後ともよろしくお願いいたします」

彼女はにこりともせずにそう言うと席を立った。それでも提示したレートは「合格」だったらしく、その後の取引はスムーズだった。私が転勤する時は、飲みに誘っていただいた。現在ならお断りするところだが、当時はたまにそういうことがあった。融資課長に同行してもらった。1軒目で軽く食事をして、2軒目に連れて行っていただいたのはゲイバーである。ゲイバーに行ったのは2回目だった。

初めてゲイバーへ行ったのもお客様に誘われた時である（個人的に行く趣味はない）。以前の営業店で担当していた企業の社長と副社長と一緒だった。ここはご夫婦で経営していて、ご主人は副社長で技術担当、奥様が社長で経理をはじめ経営全般を見ていた。女性だからかどうかはわからないが、融資の金利など条件交渉の相手としては厳しい人だった。

ある時、社長から中国地方のある土地について情報提供を求められた。診断士養成課程で一緒だった人が、その県の公務員だったので連絡すると詳細な情報が入手できた。それを提供すると「反応が早くて、情報収集能力も高い」と褒めていただいた。それから、多少、交渉が楽になった。私が転勤する時には、副社長とともにやはり2軒目にゲイバーに連れて行っていただいた。少ない事例から一般を推定してはいけないが、経営者層にいる女性はゲイバーが好きなのだろうか。

このお店で、社長が私を指して「ママ」に感想を求めると、「彼女」がこう答えた。

「久々の三塁打」

どういう意味か、いまだにわからない。

8

財務分析システムと分析能力

システム化

若手職員の財務分析能力が低下したという話をよく聞く。この原因として挙げられるのは、1990年前後に各金融機関が財務諸表の分析をシステム（コンピュータ）で行うようになったためというのが、既に定説になっているような感じがする。実は同じことをかなり早い時期にテキストなどに書いたことがあるので、この考え方が「定説」となった責任の一端は私にもあるのかもしれない。

以下、この定説を「システム化」説と表現する。「システム化」説の主張は、電卓（そろばん？）を使って手作業で財務分析を行っていた人間は、分析指標の算出式や意味を〈体で覚えていた〉が、作業をシステムに委ねたために、その効用が低減してしまったということである。

しかし、現在、私は考え方を変えており、「システム化」が若手職員の財務分析能力低下の原因ではないと思っている。「システム化」のことを「コンピュータが分析する」と言うこともあるが、これは正確な表現ではない。コンピュータが代行しているのは計算である。計算と分析は異なる。「コンピュータが算出した分析指標を読み込んで考えること」が分析である。若手職員の財務分析能力が低下したとすれば、それは考える力が低下したか、考えなくなってしまったかのどちらかだろう（多分、両方が原因だと思う）。

コンピュータが計算するからといって、財務分析指標の算出式やその意味を知らなくてもいいということにはならない。「システム化」説を唱える人やテキストは多いが、その対策について述べるものは多くない。そもそも「かつての若手職員の財務分析能力は高かった」と言えるのだろうか。つまり、今の中堅からベテラン職員の財務分析能力は高いのかを考えることも必要だろう。

金融機関職員が本当に以前は高い財務分析能力を有していたなら、２００３年になって第１次※リレバンで「担保や保証に過度に依存しない融資」を金融庁から求められることはなかっただろう。「システム化」説は若手の能力低下を説明するのに便利だが、現在の中高年職員の能力については問わないという意味で、彼らの世代に免罪符を与えている。中高年になって財務分析能力が問われるのは本部の審査担当者くらいだろう。営業店の店長、次長、課長などももちろんその能力が求められるが、金融機関は意外に役職という「顔」で仕事をする傾向があるので、能力面で下から突き上げられるというプレッシャーは強くないと思う（つまり、わからなくても何とかなる）。

現在の若手職員の財務分析能力が低いのは事実だと思う。これは1990年代半ばから数年前まで、勤務先で入庫3年目の職員を対象に財務諸表分析の研修を行ってきたので実感としてわかる。もしかしたら私の勤務先だけの現象かもしれないが、業界の研修所で過去10年間、「目利き」研修の講師を務めているので、業界の中堅職員のレベル感もわかる。全体としてはあまり高いという感触はないので、若手職員の能力についても同様だと思う。もちろん個々には優秀な方もたくさんいらっしゃる（考えてみれば、私が勤務先で行った研修の初期の受講者も既に立派な中堅職員になっている）。

地元の人

入庫したばかりの頃、融資を担当している先輩が、ある企業について「あそこは大丈夫だよ。地元の人だから」と言ったのをよく覚えている（というか、忘れられなかった）。コミュニティ・バンクという言葉を知ったのはずっと後のことだが、やはり、信用金庫は地縁・人縁が基本なのかと思った。もちろん、信用金庫のベースがコミュニティにあることは間違いないが、「あの人は地元の人だから良い」という発想は、逆に言えば「よそ者は信用できない」ということになる。前者の発想は「むら的社会」を前提としている。そうした社会構造がかつての日本に存在したことは事実だが、高度経済成長期を経て社会構造が「むら的社会」から「都市的社会」に変化した。「都市的社会」と「むら的社会」の大きな相違の一つは、前者は住民の流動性が高いことである。その結果、コミュニティの質というか存在感も変化した。1983年発行の『コミュニティの理論と政策』（磯村英一編著、東海大学出版会）において、コミュニティは「現在のところ、ザイン（sein：存在・実在）としての概念ではなく、ゾルレン（sollen：あるべきこと・当為）としての望ましい概念にとどまっている」（カッコ内筆者挿入）と社会学者の福武直氏が指摘している。加えて、バブル経済崩壊を経た現状に鑑みれば「地元の人だから良い」と考える人はいないだろう。

別のところで若い頃に〈仕事を通じて学ぼう〉と思ったと述べた。しかし、仕事上で日常的に要求されてもいないことまで学ぶには、かなりの意志の強さが必要である。先に「若手職員の財務分析能力が低下したとすれば、それは考える力が低下したか、考えなくなってしまったかのどちらかだろう」と述べた。実務上、それほど高度な財務分析能力を求められることがないから、「考える力」も「考えること」も必要ないのかもしれない。

合格率

もう一つ、入庫したばかりの頃から気になっていることがある。実務検定試験の業態別の合格者の年齢・勤続年数と合格率である。財務系の某試験（難易度最高ランク）の合格率の高さは、業態別で言うと都市銀行（いわゆるメガバンク）、地方銀行、第二地銀、信用金庫の順になっている（信託銀行と信用組合は受験者数が少ないので除外した）。年齢の若さ・勤続年数の短さもこの順になっている。都市銀行の行員の合格者は平均して入行後3年超で、地方銀行の合格者はその倍くらい、第二地銀と信用金庫のそれは10年を超えた頃になっている（＊9）。この傾向は私が入庫した30数年前から続いている。ワンランク難易度が下の試験も同様だが、都市銀行はこのランクの受験者が極端に少ない（ただし、合格率は高く70％を超える）。つまり、都市銀行の行員は、第二地銀や信用金庫の職員の3倍くらいのスピード（3分の1程度の勤続年数）で、この検定試験における財務系の難易度最高ランクの試験に合格しているのである。

一時期、このトレンドに逆らってみようとしたことがある。入庫2ヵ月目の新入職員に前述のワンランク難易度が下の検定試験を受験させたのである。入庫直後に1日、入庫後のゴールデンウィーク直後に1日、私が講師を担当して受験対策スクーリングを実施した。試験日は6月上旬である。1年目は合格率60％程度だったが、2年目、3年目は80％を超えた。入庫後わずか2ヵ月で都市銀行以上の合格率を達成したのである。

しかし、この試みは3年目でやめた。その理由は、1年目に受験した職員が3年目に入って私が講師を担当する研修に参加した時、入庫直後の時点よりもむしろ力が落ちていたからである。私は試験に合格させることが最終目標である予備校の講師ではないから、実務能力を高めなければ講師を担当する意味がない。それに本来の仕事は企画で人材育成が専業ではない。受験対策で合格率だけを上げても仕方がないと思ってやめたのである。

新入職員も入庫後、毎日のように財務諸表に触れて分析をしているわけではない。融資課に配属されれば別かもしれないが、それぞれの担当の事務を覚えるのに精一杯なのだと思う。それにしても、何十年も存在している前述のような都市銀行とのギャップをどう埋めたらよいのだろう。こんなギャップを放置しているから「金融ヒエラルキー」（「1　ジャンルに貴賤はない」参照）などが唱えられるのだ。

金融界は効率化という言葉が好きで、手作業で行っている仕事をコンピュータに代替させることに積極的である。財務分析システムはその代表的な存在だが、それでいて「システム化」が若手職員の分析能力低下の原因だと言うなら自己矛盾である。「システム化」によって効率化して生み出した時間を、どこに投入したのか問い直してみるべきだろうが、そもそもそうした発想自体が欠如しているのかもしれない。

＊9　もちろん例外はある。自慢するわけではないが（多少はしたい）、大学で私が講義する「企業分析論」を受講して、私の勤務先に入庫した女性は都市銀行の行員以上のスピード、入庫3年目で前述の最高ランクの検定試験に合格した。

明日のために

　不況になると資格取得がブームになるという。金融界ではＦＰはもはや必須の資格で、証券アナリストを目指す人も増えている。中小企業診断士や社会保険労務士も根強い人気がある。私は東京大学を卒業してハーバードのビジネススクールでＭＢＡを取った……らよかったなあと思っている私大卒の支店長で、別に資格を取ろうとは考えていなかった。

　アナリストでも診断士でも受験すれば楽に合格するはずだが、世の中には万一ということがあるからだ。私は店長職も３店舗目で次は本部の部長に昇格するのが確実……だったらいいなあという重要なポジションにいる。資格試験などを受けて失敗したら、目前にある部長の席が遠ざかってしまうかもしれない。無用なリスクは犯せないのだ。とはいえ、自分の将来に若干の不安も感じるので、いざという時に役に立つ適当な資格がないかと考え、この書籍の担当編集者であるＫ女史に電話で相談した。

「いざという時に役に立つ資格ですか。店長、おいくつでしたっけ。47歳ですか……」

（なんだ。この沈黙は）

「そうですねえ。車の免許なんかどうですか」

「普通免許くらい持っているよ」

「いえ、大型ですよ。大型特殊でもいいですけど」

「私にトラックの運転手になれと言うのか」

「トラックの運転手は立派な仕事です」

「それはそうだけど、支店長まで務めた人間に……」

「だから言っているんですよ。金融機関の支店長なんか、よそじゃ使い物になりませんよ」

「……」

「それじゃ、野鳥観察士なんかどうです。紅白歌合戦の集計の時にテレビに出られるかも」

私は静かに電話を切った（野鳥観察士なんて資格があるのか？）。

今、私は簿記の通信教育を受けている。やはり大切なのは基本である。

今からでも遅くはない……といいなあと思っている。

9

預金課・融資課・「営業課」？

肉、野菜、マグロ、バナナ

かつて『ほうれんそうが会社を強くする』（ごま書房、１９８９年）という本があった。著者は山種証券社長の山崎富治氏で、「ほうれんそう」とは「報告・連絡・相談」の略である。現在ではビジネスマナーの基本とされているようで、関連書籍が何冊か出版されていて、新入社員の研修などでも紹介されている。

この「ほうれんそう」を『編集的発想』（ＪＩＣＣ出版局、１９９１年）で、著者の西岡文彦氏（現・多摩美術大学教授）が批判していた。以下に引用する。

（報告・連絡・相談という）「各用語の概念設定のレベルが曖昧なので相互の意味の包含関係が未整理であり、列挙することの意味をほとんど感じない。（中略）三つを並列する意義というものがわからない」

概念設定が曖昧なまま議論がなされることはよくある。これは金融界の特徴ではなく、どんな業界でもある。上位概念と下位概念の混乱もよく見られることである。西岡氏も指摘しているように、店の品ぞろえを説明する時に「肉、野菜、マグロ、バナナ……」というのは上位と下位の概念が混乱している。正しくは「肉、野菜、魚、果物」である。

ある出版社から資金使途（資金ニーズ）別の通信教育テキストの企画について相談を受けたことがある。運転資金、設備資金、肩代り資金の3分冊で構成するという。その時、すぐに運転資金と設備資金は確かに資金使途による分類だが、肩代り（資金）というのは資金使途ではなく、融資のスタイルによる分類で先の二つとは概念が異なると指摘したが、結局そのまま制作された。

内容が整理できてわかりやすいとして箇条書きを好む人がいるが、上位概念と下位概念を混同していたら、箇条書きにしてもかえって内容をわかりにくくするだけである。もっとも、それに気がつかないで平気で議論や仕事を進める人も多い。客観性やわかりやすさは箇条書きという形式ではなく、概念的混乱を排除した表現力に基づいている。

片翼の飛行機

入庫して営業店に配属された時、すぐに違和感を覚えたのが「預金課・融資課・営業課」という組織体制である（＊10）。預金と融資は業務の名称である。これに対して営業は「機能」である（渉外と称する金融機関も多い）。組織構造として概念設定に混乱があると感じたのだ。そして、融資がわからない多数の職員が預金課を「卒業」して、営業課に配属になり外を回ることになっていた。

＊10　入庫したばかりの頃はいろいろなことに違和感を覚えていた。どうして出納係（現在の資金係）は女性ばかり5人もいて、男性（これは慣例として新入職員）は1人なのか。なぜ5人の窓口係（テラー）の中に中年の男性（後で30歳と知ったが、やはり違和感は残った）が1人だけいるのか。前者の理由は札勘定は女性に任せておけばいいという支店長の考えだったらしい（男性は営業や融資に使う）。男性の新入職員を入れるのは、力仕事をさせるためである。硬貨は麻袋に入れて本部へ持ち出したり、本部から持ち込まれる。100円玉の場合、1袋に4000枚入っていて（40万円）、重さは約20kgある。この硬貨を入れた麻袋をマグロと呼ぶ。かなり以前のことだが、某都市銀行のラグビー部員は本部の資金部のような部署に所属していて、マグロ運びでトレーニングしているという話を新聞で読んだことがある。後者の男性の窓口係には人事的に特別な理由があったらしい。よくはわからなかったが、異例であることに変わりはなかった。

私の場合もそうで、営業課員として初めて「外に出た」時は融資の知識はほとんどなかった。片翼で飛ぶ飛行機のようなものである。幸い、次に勤務した営業店で「営業課員として」多数の融資案件に携わって経験を積めたからよかったが、そうした幸運に恵まれない人もいるだろう（「1　ジャンルに貴賤はない」参照）。

信用金庫の場合、集金業務があるので、その担当者を配置する必要からどうしても営業課員が融資課員よりも多めになるのだろう。集金がなければ、融資課員を多数配置して融資営業も行えばいいわけで、このあたりが銀行と信用金庫・信用組合との違いなのかもしれない。

「何事も経験だ」と言う。当然、そう言うのは一定の年齢以上の人で、若い人は言われることのほうが多い。もちろん経験の重要性は否定しない。問題は「経験の質量は被経験者にはコントロールできない」ことである。2人の人間が金融機関に同期で就職して同じ営業店に配属になっても、数年経てば両者の経験の質量は大きく異なるはずである。金融機関は預金と融資という二つの業務を並行して行っているのだから、営業・渉外担当者は当然、両者に精通していなければならないが、ローテーションで融資課も経験するとはいえ、就職して2年目か3年目で「外に出される」近年の営業課員は、預金はともかく現実的には融資業務がわからない。

私のように経験を積める環境に置かれた者はいいが、それは一種の「運」である。以前は商品ラインが現在ほど拡張されていなかったので、ある程度の期間、営業をやっていれば人によって濃淡はあってもそれなりに融資の経験も積めた。しかし、現在は融資営業と並行して※預かり資産や保険などの販売もしなければならない。前述のように「経験の質量は被経験者にはコントロールできない」ので、融資ができない営業課員ができあがってしまう可能性があるというより、既にそうした実態があるのかもしれない。

融資にそれほどウエイトを置かないで、広く金融サービスを提供するという戦略を採用している金融機関ならそれでもいいのかもしれない。しかし、融資が伸びない、預貸率が低下していると嘆きながら、前述のような状態を放置しているとしたら非効率的なことも甚だしい。これに対して「ＯＪＴ（On The Job Training）を実施している」という意見もあるかもしれないが、「ＯＪＴができない。実施する余裕がない」という営業店は多い。実際、そのとおりなのだろうが、ＯＪＴは、本来仕事中に行うものだから、それを実施する余裕がないというのは（実感としてはわかるが）矛盾といえば矛盾である。私は本当の理由は「ＯＪＴを行う能力がない」のではないかと秘かに考えている（ってここに書いてしまったが）。この背景には、「失われた10年」における人員削減によって、職員の年齢構成にアンバランス（中堅職員の減少）が生じていることもある。取扱商品の増加により経験を積むことで融資業務を身につけることが難しくなってしまったという現状、ＯＪＴが実施できない営業店（の上司・先輩）という環境要因から、結果として融資営業ができない営業課員が増加していると考えられる（それは各金融機関の融資営業力が低下したということである）。

本当に融資を伸ばしたいのなら、短期のローテーションなどでお茶を濁さずに、融資担当営業課員を育成するプログラムを別途設計して実践するべきである。「預金課・融資課・営業課」という概念的な混同を容認する組織ならば、運用上の対策が必要である（＊11）。

地域金融機関は、中小企業の現場に足を踏み入れていることを自負しているせいか、必要以上に行動性を重視する傾向がある。「フットワーク」や「小回り」という言葉が好きだが、職員の能力が低下しているとしたら「フットワーク」や「小回り」の利く営業活動の効果も低下しているはずである。行動性（行動力）とは時として「根性」という言葉と同義に使われる傾向があるが、行動性だけでは解決できない状況もある。

私はかつてから、「フットワーク」から「ヘッドワーク」への転換を提唱している。「まず動く」（部下からすると上司から「まず動け！」と指示されることが多い）というフットワークの前提には、「どこへ向かって動き、そこで何をするのか」というヘッドワークが要求されるはずである。後述するように、仕事上の「いそがしさ」を誇らないことが私のポリシーの一つである。これは私がhard workerではなく、hard thinker志向であることと通じているのだろう。

20代の時に担当していたあるブティックのご主人とは今でも親交があり、企画編集をしている地域情報誌に登場するモデルの衣装協力やコーディネイトなどをしてもらっている。何年か前、この方に「（業界にあまり染まらない）私は頑固なのでしょうね」と話したら、「いや、中島さんは自分に正直なんだよ」と言われた。そうなのかもしれない。「ほうれんそう」についても、「報告だけ」「連絡だけ」「相談だけ」という専門店タイプの人がいる。こういう「手続き志向」が強い人たちが集まっていると、「ほうれんそう」だけが無限に続いて誰も意思決定をしないという事態に陥ることがある。「考え方がやり方を決定する」という認識が必要だと思う。

＊11　ある信用金庫は、預金課、融資課、営業課の間で人材の異動がないそうだ。つまり、預金課の人はずっと預金課で、融資課、営業課も同様だという。これはそこの職員の方に直接聞いた話である。これはこれで利点もある。全職員の得意分野がわかるから、人事異動が非常に楽で、店の環境に合わせて適材適所の人員配置ができる。問題は店長や次長などゼネラリストの管理職をどう育成するかということだろう。

10

融資の現場

個人ローン

　融資を担当している時、窓口に中年の女性が2人で訪れた。「お金を借りたい」と言う。金額は数十万円だったと思う。「何にお使いになるのですか」と型どおりに尋ねると、旅行会社のパックツアーのパンフレットを出して、「これに行きたいのです」と2人そろって答えた。借入をしてまで旅行に行くかなとまず思った。それに口調が妙に堅い。ウソをついている人というのは何となくわかるものである（本当のところはわからないが）。

　当時、信販会社が保証する資金使途自由の個人用のローンがあったので、それをお勧めした。お2人とも信販会社の保証が下りたが、1人の人には保証人が必要という条件が付いた。この人は後日、保証人となる人（これも中年の女性）を伴って来店した。借入申込書には保証人が自ら記入しなければならない欄があった。保証人となる女性は記入を始めたが、途中で面倒になったらしい。

「ちゃんと返せばいいんでしょ」と言ってペンを置いてしまった。

「いや、全部記入してください」と言うと、ふてくされたような態度で残りを記入した。

借入人の女性は恐縮した表情で脇に座っていた。このローンは無事完済になった。

ある時、上場企業に勤務する方がカーローンの申込にいらした。別のお客様の紹介だったのか、次長と2人で応接室で対応した（普通のお客様なら融資の窓口で受ける）。会社では課長職という中年の男性である。ひととおりの話を聞いて、審査のうえ、ご返事しますということになった。控えめな感じの方で、出されたお茶に手をつけなかった。次長はそれを見て、「こういう人は大丈夫だよ」と言った。ところが、信用状態を調べると融資できる状態ではなかった。お断りするために自宅に電話しても誰も出ない。自宅に行ってみたが、誰もいない。築何年も経っていない新しい家だった。白っぽい外観の家を見ていたら、何となく不安な気持ちになったことを覚えている。できればかけたくなかったが、勤務先に電話した。ご融資できないと伝えると、「あー、そうですか」と淡々としていた。

若い方のために述べるが、〈お金は借りない。貸さない。保証人にはならない〉ということを肝に銘じてほしい。金融機関に勤める私が言うのだから間違いない。もっとも、最初の〈お金は借りない〉については例外がある。住宅ローンや教育ローンなど健全な借入はうまく利用するべきである。

常連さん

この営業店はカードローンの延滞先が多かった。私が着任した時点で、延滞先リストが2ページにわたっていたから、50先以上あったのではないか（前任者は何をしていたのかと言いたい）。融資の延滞分の入金を促す（お願いする）ことを督促という（主に電話を使った）。この多数の延滞先にこまめに督促をしていくと、数ヵ月で5先程度までに減少した。前月の延滞先のリストが月初めに本部から送付されるのだが、ある月はゼロになった。少しは褒めてもらえるかと思って支店長に話すと、「それが当然の状態だろ」と言われた。おっしゃるとおりである。

この段階まで来ると、延滞先リストに載っているのは「常連さん」ばかりになる。常連さんは心得たもので、電話をするとすぐに普通預金に入金になった。カードローンの返済は普通預金口座から自動振替になる。この中に学校の先生がいらした。他の人もそうだが、勤務先に督促の電話をする時は気を使って、個人名を名乗り本人が出てから金融機関名を言う。

常連のこの先生には毎月のように電話をしていた。ある時、いつものように電話をすると「わかりました。口座番号は何番でしたっけ？」と聞かれた。その瞬間、思わずキレた。

「先生、いい加減にしてください。毎月、電話してるんですよ。口座番号くらいわかるでしょう」と言ってしまった（良い子の皆さんは真似をしないでください）。

先生は「わかりました。すみません」と言って電話を切った。結果論だが、これが功を奏したのか、翌月からこの方は常連先リストから姿を消した。

お客様に対してキレてしまったことはもう1回だけあった。企業に対する融資の延滞リストは、毎日、融資担当者に回ってくる。リストを見て自分の担当先に電話をする。営業担当者が行っている場合、そちらに頼むこともある。どの営業店にもあることだが、やはり延滞の「常連さん」はいる。私の担当先にも何先かあった。

ある日、その常連さんの1社がリストに載っていた。督促というのは楽しい仕事ではない。ちょっとうんざりしながら電話をした。すぐに社長につながった。

「社長、今日のご返済分ですけど、当座（預金）にご入金いただけましたか」

延滞リストに載っているのだから、ご入金いただいていないのは明らかである。電話する直前にも残高は確認しているが、営業担当者が訪問して集金する可能性もあるので、控えめな言い方をしたのである。社長の返事はこうだった。

「どうかなあ。入金したんじゃないかな。確認してないけど」

無責任でいい加減な口調に、思わず「じゃあ、確認してください！」と言って電話を切ってしまった。ちょっと反省したが、この社長、後で営業担当者に電話して「どの返済分かな？」と尋ねたそうだから相当ルーズなことは間違いない。

これは経営相談部門に所属していた時の話である。ある営業店の取引先企業から経営に関する相談があるということで、アポイントメントを取って訪問した。事前に財務分析を行ったが、内容は良くなかった。賃貸マンションの一室が事務所になっていた。社長と奥様、そして社長の妹さんが社員として働いていた。

うかがって話をしているうちに、社長に電話が入って急用ができたので出かけることになった。アポを取っているのにそれはないだろうと思ったが仕方がない。奥様と話していると、社長から電話が入り、書類を忘れたので社長の妹さんがそれを届けるために出かけた。相談の内容は覚えていないが、経営姿勢が今見たようにルーズで印象はとても悪かった。

本部に戻って、その企業が取引している営業店の融資担当者に電話をした。私の2年後輩である。財務内容も悪いし、経営姿勢も疑問符がつく。

「あそこは気をつけたほうがいいよ」と担当者に言うと、「大丈夫ですよ、中島さん」と答えた。現場の判断なので、それ以上は何も言わなかった。

ただ、気になったのでその企業の動向には注意していた。結局、1年半後に倒産した。これはどう判断すればいいのだろう。私の予想どおり1年半しかもたなかったと考えるべきか、1年半ももったと考えるべきなのか。いまだによくわからないが、私が融資担当者だったら注意して融資を絞っただろうから、1年半ももたなかった可能性はある。融資担当者がその企業について楽観的だったから1年半もったと言えるかもしれない。

下手な芝居

担当先に機械工具の卸売をしている企業があった。延滞はしていないが、決算書の内容は良くない。信用保証協会の保証付きで証書貸付を融資していたが、それ以上の融資はしない。融資取引は手形割引だけというのが取引方針だったが、手形の銘柄もあまり良くない。会社要項という資料によると社長は大手メーカーの出身で、略歴を見るかぎりエリートコースを歩んでいた。年齢は40代前半である。どうして独立したのかはわからなかった。

一度、本社を訪ねたが、狭い事務所の中に小さな機械工具が壁際の棚にたくさん並べられていて、5人くらいの従業員の方が棚から工具を取り出して中央のテーブルで梱包していた。とてもいそがしそうだった。社長のデスクは部屋の奥にあり、脇に小さな応接セットがあった。会社の事務所というより、作業場の中に経営者のスペースが間借りしているような感じだった。

ある日、この企業から決算書が提出された。分析システムにかける前に、貸借対照表と損益計算書を概観してから勘定科目内訳明細書を見た。借入金の項目を見ると、当金庫の融資が記載されていなかった。他の金融機関からの借入金しか記入されていない。粉飾である。多分、数種類の決算書を作成していて、他の金融機関に提出すべきものを間違えて当金庫に持ち込んでしまったのだろう。もう融資はできないなと思い、上司の承諾を得て、その旨を社長に伝えるために訪問することにした。同社の営業担当者も同行することになり、彼が訪問のアポを取った。私と同期入庫の男である。

翌日、2人で同社を訪問した。天気の良い日だった。事務所に行くと先日とは打って変わって従業員の方は誰もいなくて閑散としていた。経理を担当していて、いつも融資の窓口に手形を持ってくる女性もいなかった。

小さな応接セットに座って、最近の業況などから話を始めた。社長は中国に子会社を作ることを検討中だと言った。見栄っ張りな人だなと思った。経営内容からして、そんな余裕があるとは思えなかったからである。

しばらく雑談をしてから、本題に入った。

「社長、この決算書ですけど……」と言って、当金庫からの借入金が記載されていないことを指摘した。決算書を手にして該当ページを見た社長は大きな声で言った。

「あー、○○さん、間違えてるぞ」
○○さんというのは顧問税理士の名前である。下手な芝居だと思った。
「こういう決算書を提出されるようでは、もう手形の割引はできません」ということを言った。社長は平静にそれを受け入れた。帰途、同期の営業担当者と「うまくいったな」と話した。

ところが、翌朝、同社の経理担当の女性から電話が入った。

「あの、手形の割引をお願いしたいのですが……」

戸惑ったが、前日、社長に手形割引はお断りしたことを伝えた。社長に言われて確認を取るために電話してきたのかもしれない。

信用照会

手形を割り引く時は、信用照会と言って振出人の信用状態を取引金融機関に問い合わせるという金融機関同士に限られた特殊な事務がある。初めての銘柄の場合はもちろんだが、時間の経過とともに企業の状態は変化するので、継続して割り引いている銘柄でも半年くらいの間隔で照会する必要がある（現在は手形金額が少額なものは省略することもある）。

時間的に余裕がある場合は郵送で行うこともあるが、急ぎの時は、こんな感じで電話する。

「横浜信用金庫○○支店融資課の中島と申します。いつもお世話になっております。おいそがしいところを恐れ入りますが、お取引先の△△株式会社様のご担当者をお願いします」

担当者が出るとこれと同じことを繰り返して、最後のところだけ「△△株式会社様の信用照会をお願いします」と言う。相手が受けてくれたら「手形金額が１０００万円、支払期日は×月×日、受取人は株式会社□□様です」と手形の内容を伝える。電話では相手が金融機関かどうかわからないので、折り返しの電話で回答される。

実際、非金融機関、つまりノンバンクから金融機関を装って電話がかかってくることがよくあった。ただ、前述のような型どおりの挨拶をする人は少ないし、口調でこれは金融機関の職員ではないなとすぐにわかった。「では折り返しで電話します」と告げると、彼らは「実はこれから出かけてしまうので、この電話で今回答してほしい」と必ず言う。「今、答えられない事情でもあるのですか」と切り込んできたこともあった。それを断って相手が名乗った金融機関の営業店に電話をすると、もちろんそんな人は存在しない。「折り返しで」と言ったとたんに電話を切られたこともあった。

某都市銀行の営業店から私の担当先の信用照会が入ったことがある。型どおりの挨拶を交わしたが、不自然なところはない。ところが、手形金額と支払期日までは答えたが、受取人を尋ねると「いや、そんなこと言えない」と言う。「受取人を教えていただけないとお答えできませんよ」と言うと小さな声で答えた。とにかく、折り返しで電話しますと言った。もしかしたら、ノンバンクかなと思いつつ相手行に電話すると、その人はちゃんと在籍していた。どうやら、信用照会という事務をこれまでやったことがなかったらしい。別に新人という感じではなく、それなりの年齢だと思われたので、これまでは異なる分野の仕事をしていたのだろう。

勤務先の他の営業店（僚店と言う）から信用照会が入ることもある。内線電話の場合はそのまま回答するのだが、ある時、外線電話でかかってきたことがある。これでは本当に僚店からかどうかわからない。そこで「お宅の店の預金課長の名前は」と聞いて、確認してから回答した。

信用金庫はもちろんだが、地方銀行の方も比較的親切に信用照会に対応してくれたが、都市銀行は露骨に面倒くさそうに対応する人が少数だがいた。ある時、電話をかけると「今立て込んでいるので、お答えする余裕がない。お断りする」と言われた。そこで自分の所属と名前を改めて名乗り、相手の名前をうかがってからこう言った。

「それでは、今後、御行からの信用照会は○○様のお名前を出して、すべてお断りするように当金庫の全営業店に通知します」

渋々回答してくれた。

そちらが落ちればこちらも落ちます

ある企業（A社）は業況が芳しくなく、延滞が多かった。延滞はすぐに解消するのだが、月に数回ある決済日はたいてい当座預金が残高不足になった。つまり、他の金融機関から手形交換所を経由して回ってきた手形や小切手を決済する残高が不足しているという状態である。これを「赤残」と言い、「入金待ち」とも言う。

赤残を解消するためには、お金を調達しなければならない。当金庫で手形を割るということもあったが、証書貸付や手形貸付など他の融資はもうできない状態だった。社長は技術者気質の人で金融のことにはあまりタッチしておらず、経理担当の奥様が資金繰りに奔走していた。どこで調達したのか、午後4時過ぎにやっと入金に来ることもあった。

依頼返却も多かった。これは手形の受取人に頼んで、回ってきた手形を未決済のまま返却してもらうことである。受取人は自分の取引金融機関（つまり手形を入金した金融機関）に連絡して、その金融機関が相手の金融機関に対して依頼返却をかける。期日に支払うと約束した手形を支払わずに戻してもらうのだから、支払人（手形の振出人）は受取人に大きな借りを作ることになる。その後の取引条件が厳しくなることもあるだろう。

この企業については、決済確認を取ることも多かった。手形は受取人の当座預金に入金されて振出人の金融機関に支払期日に回る（これを呈示という）。手形が決済されたか否かは、翌日になって不渡りで返還されていないことを確認するまでわからない。つまり、未決済の手形金額は当座預金の残高に含まれているが、当日回ってきている手形・小切手を決済する残高とはみなされない。翌日、決済が確認された手形・小切手については、資金化と言って真の残高に変換される。決済確認とは、こちらの当座預金に入金されているが、まだ資金化されていない手形について、振出人の金融機関に電話で問い合わせて決済されているか否かを確認する事務である。決済確認が取れたら、翌日の資金化まで待たずに当日の決済資金とみなす（これを「他店券過振り」と言う）。つまり、赤残の原因となっていた手形が落ちるわけである。

ある日、やはり赤残になっていたこの企業の当座預金に入金されていたB社振出しの約束手形について、振出人の口座がある某信用金庫に電話して決済確認を取った。電話に出たのは女性職員で、彼女はこう言った。

「そちらの手形が落ちれば、こちらも決済されます」

これはダメだと思った。同一金額で同一期日の手形を相互に交換する「書き合い手形」や「往復融手」と呼ばれる融通手形の典型的なパターンだからだ（次ページ・参考8）。

これまで手形割引で何とかもたせてきたのだが、この企業については撤退方針とすることにした。支店長、次長、融資課長に相談して承諾を得た。社長に連絡をして、来店してもらった。応接室で次長と2人で社長と奥様に話をした。ところが、次長が世間話ばかりで肝心のことをちっとも言いださない。仕方なく、私が「今後、割引手形の銘柄はこちらで一部選別させていただきます」と言った。

若手の融資課員と2人で、これまで同社が持ち込んで割り引いた手形の振出人について、すべて信用照会をかけて選別する銘柄を決めた。証書貸付は約定《やくじょう》弁済と言って、毎月一定額が返済になるので残高が減少していく。それからは融資と預金のバランスを見ながら、選別した手形を割っていった。一部の手形については割引をお断りしたので、同社の資金繰りは当然苦しくなった。午後3時の閉店後に融資の窓口にいらした奥様が涙を流したことがある。資金繰りの苦労で辛かったのだろう。

「奥さん、泣かないでください。私も辛いけど、仕事なんです」と言うと、黙ってうな

参考８　往復融手

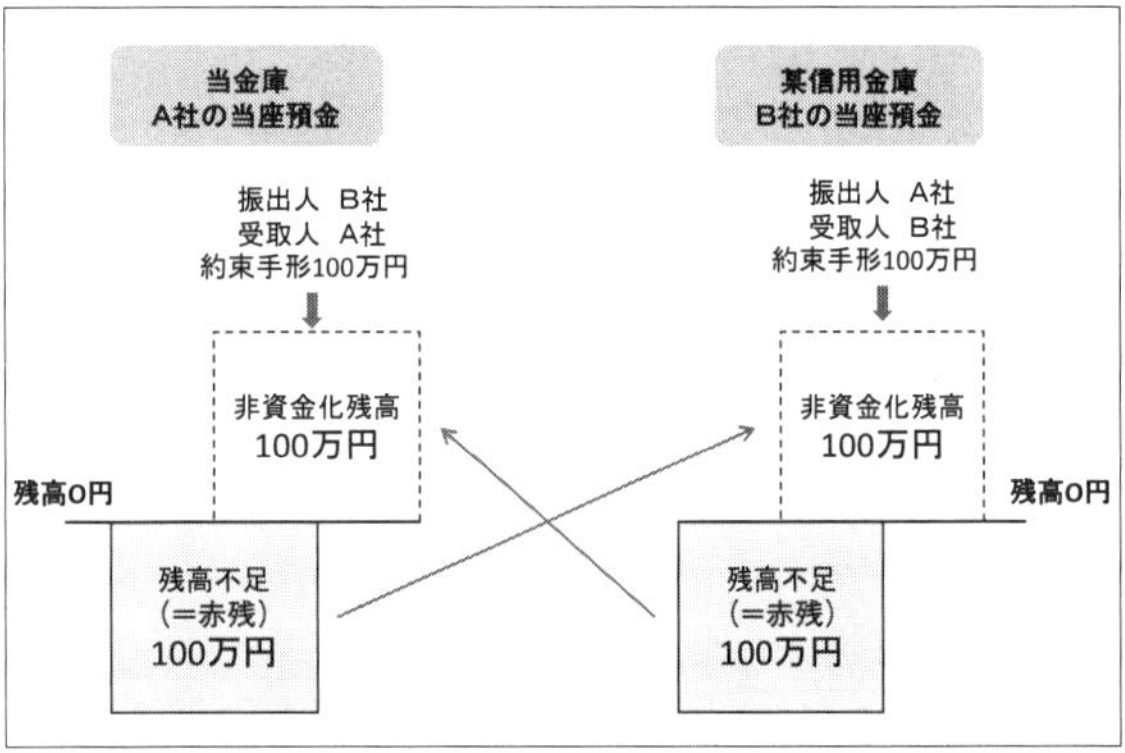
当金庫
A社の当座預金
某信用金庫
B社の当座預金
振出人　B社
受取人　A社
約束手形100万円
振出人　A社
受取人　B社
約束手形100万円
非資金化残高
100万円
非資金化残高
100万円
残高0円
残高0円
残高不足
（＝赤残）
100万円
残高不足
（＝赤残）
100万円

ずかれた。

　数ヵ月後に1回目の不渡りが出て、まもなく2回目が出た。※銀行取引停止処分、実質的な倒産である。2回目の不渡りが出た時は、あらかじめ既存の割引手形の振出人の信用照会をしておいた。すべて決済に懸念はなかった。不渡りが決定的になった時、次長が言った。

「中島、大丈夫か」

　債権の保全は大丈夫かという意味である。

「大丈夫です。割手はすべて決済される見込みです。証書貸付は預金と※相殺《そうさい》でカバーできます」と答えた。

　一段落してから次長に「よくやったな」と褒められたが、もちろん少しもうれしくなかった。

11

金融機関職員と文章力

戦略案件

２０１３年に大ヒットしたドラマ「半沢直樹」の原作、『オレたちバブル入行組』（池井戸潤、文春文庫、２００７年）の最初のほうにこんな描写がある。支店長が取ってきた融資案件の稟議を通すために、主人公の半沢が融資部の調査役と電話で交渉する。〈新規で無担保で5億円〉という条件に渋る本部の調査役を、半沢は「戦略案件ですからの一言」で押し通す。支店長から「なにがなんでも稟議を通せ」と厳命されていたからで、この案件が少しも戦略的でないことは半沢も承知しているのである。

このくだりを読んで笑ってしまった。難しい融資案件について、「戦略的（な意味で）にやるしかない」という言葉を現場で時々耳にしていたからである。「政策的」という言葉も同様に使われる。どの案件も私が見る限りでは「戦略的」でも「政策的」でもなかったというか、そもそも「戦略的」（政策的）な融資ってどんなものなのかよくわからない。

この二つの言葉は〈どうしてもこの融資案件を通したい〉という営業店の意思表示として使われているのだろう。本部の審査部門もそれを知っているから、「どこが戦略的なのか」などと野暮なことは聞かない。営業店と本部の審査部門との間に成立する数少ない暗黙の了解だが、だからといって案件が通るかどうかは別問題である。

戦略という用語はかなり一般化しているが、私は戦略を重視するが故に戦略という言葉を安易に使いたくない。しかし、現実には「コスト削減戦略」「人材育成戦略」「売上倍増戦略」など違和感を覚える表現をよく見かける。なぜ違和感を覚えるかというと、これらは目的・目標に戦略という用語を組み合わせているだけだからである。考え方と表現力に問題があると思う。

千葉大学大学院の松野弘教授の『大学生のための知的勉強術』（講談社現代新書、2010年）の中にこんな一節がある。

「企業のなかでは、さまざまな「報告書」、すなわちレポートを書く機会があります。あるいは顧客に対する報告やプレゼンテーションの機会も多々あります。（中略）大学で身につけるレポート作成の手順や方法は、このように、社会人として活動する際の「思考回路」を明確化するための訓練でもあります。大学生の時にこの訓練をきちんと積んだか積まなかったかが、皆さんの人生を左右するといっても過言ではありません」

そのとおりだと思う。ただ、経験から述べると営業店に勤務しているとある程度の長さの文章を書く機会は意外に少ない（報告書などに数字を書き込むことは多かったが、今はパソコンに打ち込むことのほうが多い）。融資案件書類には所見を述べるスペースがあるが、先輩が書いた稟議書を見て、「業況は順調に推移」とか「取引振り良好」など手あかのついた表現（フレーズ）を覚えて融資ができるようになったと勘違いしている若手職員も多い。こうした案件を本部に上げると、内容がよくわからないので審査担当者から電話がかかってくる。その場になって、「いや、それはこういう意味なのです」などと釈明するのだが、それなら最初からそのように書けばいいのである。

そもそも口語表現は文章表現よりも文法上（表現上）の制約が緩いので、論理的な文章表現力がないと論理的な議論もできない。そのため、文章表現力がない人と話をすると、口数は多いが、要するに「融資をしたいから融資をしたいのです」（営業店）とか「融資が伸びないのは融資が伸びないからだ」（本部）などと言っているに過ぎないことがある。

やはり松野教授が述べるように、大学時代に表現力を高めておく必要があるのかもしれない。前述のように口語表現力は文章表現力に依存するから、文章表現力の低さはお客様とのコミュニケーション能力や提案・交渉能力の低さに直結してしまう。これは金融機関の職員に限らず、ビジネスに携わる者として致命的な欠陥である。

以前、「文章力をつけるには何をすればいいのでしょう」と若い人から尋ねられたことがある。この時は「本を読みなさい。インプットしなければアウトプットもできないよ」と答えた。実際、大学生も含めて最近の若い人は本を読まない。研修や講義の場で「月に何冊くらい本を読むか」と聞くと、たいてい1冊か2冊という答である。私の場合、平均して月に10冊、年間では120～130冊くらいは読む。記録が残っている中では2002年の271冊が最高である。ただし、この年は英書の多読システムに挑戦して、やさしい英書を100冊くらい読み倒していたので例外で、以来、200冊を超えた年はない（大学を卒業した時点で自室に蔵書が千冊あった。以来、毎年100冊以上は読んでいるから、累計では5千冊を超えていると思う）。

異例な融資案件や複雑なものには意見書をつけるが、私もそれほど長いものを書いた記憶はない。A4サイズの意見書に2枚が最長だが、これは我ながら出来が良かった。中小企業診断士養成課程に出向する前に書いたもので、日頃の試験勉強の成果が反映したのだろう。ある時、営業課の若手2人が融資ファイルを開いて、その意見書を読んでいた。支店長に「融資をやらせてください」と直訴したら、「中島の意見書くらいのものが書けるようになったらやらせてやる」と言われたらしい。

意見書ではないが、文章力が功を奏したことがある。融資課員としてあるベンチャー企業を担当していた。企業内容、取引内容は良いのだが、当時の支店長がとても保守的な人で積極的な融資は簡単には通らない。そこで、融資課員の日報に5日間連続で同企業の分析レポートを記述して、企業内容の良さをアピールした。その後、稟議書を回すと、すんなりと支店長が印鑑を押した。融資課長がニヤッと笑って「作戦勝ちだな」と言った。

※小林秀雄は「文章力は先天的なものである」と述べたということを何かで読んだ。本当にそうなら松野教授の示唆に従って努力しても徒労に終わってしまうことになるが、文芸評論と社会科学の論文やビジネスレポートでは話が違うのかもしれない。私の場合、小学校2年生の時に書いた作文が、横浜市か何かの作文コンクールに入選して文集に掲載されたことがある（「栴檀は双葉より芳し」って自分で言うことじゃないな）。中学生の頃には「一生のうちに1冊でいいから本を書きたい」と思っていた。今書いているこの文章が本になれば、単著としては5冊目になるから運に恵まれたほうだろう。

添削指導

中小企業診断士の資格を取得して本部のあるセクションに所属している時、同じ所属の後輩が中小企業大学校の中小企業診断士養成課程の入学試験を受けることになった。選抜した人事部から「1回（の受験）で合格させてほしい」という要請があったので、マンツーマンで指導をすることにした。当時のこの試験は筆記試験と面接で、筆記試験はある項目について200字以内で記述するものが10題、800字以内で記述するものが1題という構成だった。例えば、「損益分岐点」や「目標管理」などについて200字以内で書く。800字のほうは「中小企業の経営理念について」といったテーマが与えられる。これはその年の中小企業白書から出題される。

試験対策としては、過去に出題された問題と出題されそうな項目を『現代用語の基礎知識』などの経営や経済の項目から拾い出して200字で書く。時事的な項目も出題されるので日本経済新聞も必読で、記事の中にこれはと思う項目があれば、それも200字にまとめる。そして、それらを暗記する。800字のほうも中小企業白書の各章の内容を整理して暗記する。私の場合は200字のほうは200項目以上暗記した。

毎朝、後輩の彼が前日に自宅で書いた2～3本の200字物を私のところに持ってくる。それを始業前の時間を使って添削し、昼休みに指導した。中小企業白書が出版されると、それに800字物が混じってくる。最初の頃の200字物は原型をとどめないくらい赤が入った。そもそも構成自体を見直すべきものが多かった。それでも半年ほど経つと、次第に赤が減ってきた。試験は8月上旬だったが、1ヵ月くらい前になると、一読して「いいんじゃないか」ということが多くなった。彼は入学試験に無事合格した（この頃が彼の文章力のピークでなかったことを祈っている）。

先に「インプットしなければアウトプットもできない」と述べたが、この彼のように意識的に（強制的に）アウトプットしなければ文章力は向上しない。アウトプットにも技術が必要だからだが、前述のように金融機関の営業店にいるとその機会が意外に少ない。本部勤務になると、〈書く仕事〉が多くなるから、やはり若いうちに意識的に努力しておくべきだろう。

中小企業診断士養成課程の診断実習の指導員を担当した時、ある銀行の人が書いたマーケット環境に関する文章が不自然だった。指摘すると、「原文のママです」と言う。市が発行している文書あたりを引用したのだろう。「それなら引用の仕方がおかしいのだから、見直してください」と言ったが、あまり反応は良くなかった。ネタ本から適当に引用して切り貼りすればレポートができると考えている人がいる。それは剽窃になるから本来許されないことだが、引用するにしても安易に切り貼りした文章はとても不自然になる。そこに気づくかどうかはセンスの問題かもしれない。

最後に、勤務先の若手職員や大学生の文章を添削（校閲・校正）した経験から、文章を書く時の注意事項を掲載しておく。ごく基本的なことばかりだが、案外守られていないので参考にしてほしい。この場合の文章とは、社会科学のレポートやビジネス文書を対象とする。

〈文章を書く際に注意すること：よく見かける表現上のミス〉（順不同）

①文章とは基本的に複数の段落（パラグラフ）から成り、段落は内容がまとまった複数の文で構成される。各段落の行頭は1字下げるのが原則である。つまり、改行する場合は行頭を1字下げる（こうした原則を守っていない人が意外に多い）。←なお、この文のようにカッコ内に句点は打たない。

②「である」「ですます」が混在している文章、つまり文体が不統一のものが多い。

③主張や意見、認識を述べるだけで、論拠を示していないものが多い。
④「○○ではないか（ないだろうか）」、「感じる」、「気がする」といった決定力に欠ける文章は好ましくない。大学生は「○○が気になった」とよく書く。
⑤「私が思うに」とか、「ここで○○について検討してみたい」などの枕詞は不要である。
⑥意味のない改行をしない。段落を意識して記述すること。
⑦文は極力短くすることを心がける。
⑧同じ表現が連続すること（表現がかぶること）を避ける。
⑨こうした箇条書きの場合は別だが、本文では体言止めは原則として使わないようにする。体言止めは禁止。↑体言止め
⑩「○○だ」という「だ止め」を多用しないこと。

12

営業の現場

刺身包丁

営業を担当していた時、支店の営業圏が調整されて僚店から十数社が移管されることになった。その件で打ち合わせるために、支店長以下、次長、融資課、営業課の全員が会議室に集まった。全員に移管先のリストが配布された。リストを見ていた支店長が、ある企業の名前を挙げて「ここの担当は誰になる？」と尋ねた。住所を見ると私の担当地区内の企業である。「私です」と答えると、支店長は「そうか。十分注意してくれ」と言って、その訳を話してくれた。

この企業は海産物の卸売業と並行して寿司屋を開いていた。支店長は20代の若手だった頃、この企業の移管元の営業店に勤務していた。当座預金係を担当していた時、この企業が入金待ち（赤残）の状態になったので電話で督促すると、逆上した社長が刺身包丁を手にして営業店に乗り込んできたという。それがトラウマになっているらしく、移管処理が終わって社長の自宅に挨拶にうかがう時も支店長は緊張気味だった。応接間に通されてからも「何かありましたら、中島に言ってください」と腰が引けていた。

私の仕事は週に一度、社長の自宅へ行って売上の集金することと、月掛けの積立の集金、定期預金の満期管理が主だった。訪問する時間は寿司屋が※アイドルタイムに入る午後2時過ぎで、社長は遅い昼食をとっていることもあった。年齢は50代前半で、寡黙な人だった。それだけに怒らすと怖いのかなと、例の刺身包丁の件が脳裏に浮かんだ。歴史の長い取引先で、それだけに取引に厚みもあった。ただ、定期的に大口の融資が発生する。

「いつまでに○千万円」としか言ってくれないので、案件が非常に作りにくい。過去の融資ファイルを見ると、移管元の担当者も苦労していたようだった。つまり、こちらの参考になる情報はなかった。

移管してから最初の融資案件（本部稟議）を何とか通すと、実行書類を持って自宅へうかがった。書類を出すと、今まで保証人の欄に自分で署名したことがないという。ウソだと思ったが、刺身包丁の件があるからリアリティがある。しかし、最初が肝心だと思い、「ダメですよ。代筆はできません。名前くらいご自分で書いてください」と言った。すると案外すんなりと応じてくれた。

融資を実行してほっとしていると、しばらく経つとまた申込が来る。どうも、寿司屋は順調なのだが、卸売業のほうがうまくいっていないという感じがした。後ろ向きの資金でも長い取引先だから断るわけにはいかない。せめて稟議書の中身を充実させようと思った。金融機関取引は当金庫だけだから、当座預金の動きを見ていれば取引の流れはわかる。社長に売上と仕入伝票を貸してくださいと言うと黙って提供してくれた。それを使って売上高の※季節変動も加味して長めの資金繰り表を作成した。その結果、次の中込のタイミングが読めるようになった。きちんとした資金繰り表が作れるようになったのは、この企業を担当して、この作業をしたからである。

社長は口数は少ないが、怒らすと怖い人ではなく穏やかな人柄なのだとわかってきた。刺身包丁の件は血気盛んだった頃の話なのだろう。訪問時に時々同席する奥様も良い人だった。旅行に行った時にちょっとしたお土産をいただいたこともある。転勤する直前には社長が私のことを「息子みたいに思っている」と言ってくれた。既に独立されているご長男と私の年齢が近かったらしい。資金繰り表の作り方を身につけることができたことも含めて忘れられないお客様である。

担保余力

これは融資課だった時のエピソードである。当時、その営業店では融資課員と営業課員がチームになっていて、融資課員1名と営業課員数名が組んでいた。私のチームで一番若い営業課員がある企業に同行訪問してほしいと言ってきた。どんな企業なのかと聞くと、飲食業を手広くやっていて資金需要は旺盛なのだが、担保余力がないのでなかなか取引が深まらない先だという。そういう企業では同行訪問しても活路が開けるか否か疑問だったが、若手からの依頼でもあるし行ってみることにした。

事前準備として同社の融資ファイルを開いて、財務諸表分析の結果を見た。内容的には可もなく不可もなくというところで、積極的に融資営業をかけるためには担保不足が痛かった。ファイルには同社所有の不動産の登記簿謄本が入っていた。開いてみると、抵当権、根抵当権の設定、抹消が十数回繰り返されている。ざっと見ているうちに、気がついたことがあったのである作業に取りかかった。

営業課員と同社を訪問すると、社長と奥様が応対してくれた。話をしていると、融資を受けたいのだが、担保がないのでと言う。そこで「担保余力ならありますよ」と言うと、お2人とも全然信じてくれない。

「そんなはずはない。担保余力はない」

営業課員もうなずいている。

そこで、用意してきた不動産登記簿謄本のコピーを取り出して説明を始めた。

「いいですか。一つずついきますから」と言って、設定されている担保権を一つずつあたっていった。

「この抵当権はここで抹消されています。こちらの根抵当権はここで……」という調子で、処理が済んだものはシャーペンで斜線を引いていった。最終的にはいくつかの抵当権を除いて、その他は抹消されていることが明らかになった。残っているのは抵当権だから残高からすると、相応の担保余力がある。

社長も奥様も唖然としていた。思い込みというのは怖いものである。

後日、一緒に行った営業課員が、社長と奥様、特に奥様が私のことを「すごい人だ」と感心していると報告してきた。別に大したことをしたわけではない。ただ、そう思ってもらえれば営業の仕事はやりやすくなる。

この営業課員には、もう1社、同行訪問を頼まれた。この企業は私も知っていた。建築関係の企業で、窓口に割引手形を持ち込んできていたからである。ただ、来店するのは年配の経理担当者で、妙にいなせな感じがする人だった。無口な人であまり話をしない。社長とは一度会ったことがあるだけなので、知っているといってもほとんど手さぐりの状態で訪問した。

　事務所に入ると、いつも来店する経理担当者が席に座っていて、社長は電話中だった。年齢は40歳前後で、きちんとスーツを着こなしている。髪も一糸乱れずという感じである。電話が終わって、話を始めた。社長も経理担当者と同様に口数が少ない。低音でハードボイルドな雰囲気がある。あれこれ話題を振ってみたが反応があまりない。そこで資本金が相対的に少額だったことを思い出した。その話をすると、社長が公共工事を受注する関係があるので、もっと資本金を増やしたいと言う。

「それなら、お積立をしたほうがいいですね」とやっと話が合った。

　帰り道で営業課員が「中島さん、大したものですね」と言った。

「まあな。それよりきちんとクロージングしろよ」と余裕をかましたけれど、我ながらうまくいったと思っていた。

所得動機と利潤動機

　損か得かでしか物事を判断しない社長がいた。１９８０年代後半のバブルの時代で、社長以下従業員全員がマネーゲーム好きという企業だった。製造業で好景気の波に乗っていて、どの人も株や土地、マンションに投資していた。事業性の資金需要も旺盛だったが、すべて金利で判断されるので、当金庫は金利の低い都市銀行にいつも負けてしまう。ある時、設備資金の話があったので、いつもよりも積極的に取り組んだ。「負け戦」に飽き飽きして多少意地になっていた。

残業して書類を作っている時、疑問点が浮かんだので会社に電話して社長に質問した。時間は午後8時を回っていた。社長は私が遅くまで残って自社の案件に取り組んでいることに驚いたらしい。質問に答えてから「でも、中島君、そんなにがんばらなくてもいいよ」と言った。やはり金利で勝ち目がないらしい。ただ、社長の口調が妙にやさしいのが意外だった。結局、この案件は取れなかったが、なぜか敗北感はなかった。

企業経営の動機は所得動機と利潤動機に二分される。所得動機による企業とは、経営者とその同族などを含む人間の所得の増加を目指すことが経営の動機になっている企業である。この企業の社長などは典型的な所得動機の経営者なのだが、同族だけでなく、他の従業員も含めて所得動機を満足させていた。よほど経営環境が良かったのだろう。

一方、利潤動機による企業とは、経営の動機が利潤（利益）を追求することにある企業である。中小企業には所得動機による企業が圧倒的に多いのだが、もちろん例外はある。農業用資材の開発を行う企業、と言っても社長1人の企業である。私が新規先として訪問して取引を始めた。割引手形の銘柄が良いのが魅力だった。社長は大手メーカーの技術部門出身で、技術志向が非常に強い。実際、展示会などに出品するととても反応が良いと言う。そして、企業成長を第一に考えていた。

ある新製品を開発した時、事務所兼作業場で熱心に説明してくれた。そして、こう言った。

「中島さん、こういう製品はどうやって売ったらいいのだろう」

この瞬間、「あっ、もう財務分析だけじゃダメだな」と思った。後に中小企業診断士の資格取得を目指す動機については、別のところでも述べたが、この社長のひと言もきっかけの一つである。同時にそうした質問をされるほど信頼されているとも感じた。

第1章で出版社の編集者になりたかったと述べたが、この頃には「営業とは企画の提案である」ということに気がつき始めていた。そして、「企画の前提にあるのが編集」なのだとぼんやりと考えていた。ただ、当時は編集するための技術力がなかった。中小企業診断士と証券アナリストという資格を取得したことは、企画のための編集技術を身につけるプロセスだったと言えるかもしれない。

企画書

金融界の企画書は次のようなステップを経て作成される。

①上司が新聞に載った上位行や外資系銀行の新商品（サービス）の記事を読み、部下に検討を命じる。

（以下、部下の行動）

②業界団体に様子を聞く。↓大したことはわからない。

③同業態の知り合いに電話をして「オタクはどうするの？」と聞く。↓自分のところと同じような状況にあることを確認して安心する。

④当該商品を発売した金融機関の営業店へ行ってパンフレットをもらってくる。↓話しかけても返事もしない勤務先の女性職員とは違う、テラーの営業スマイルに感激して2、3回行く。

⑤新聞、雑誌などに載った記事を集めてスクラップする。

＊②～⑤は順不同で、通常「マーケットリサーチ」と称される。

⑥集めた資料やメモを机の中にしまいこんで、上司が忘れてしまうのを待つ（たい

てい忘れてしまう)。
⑦同業態のライバルが同商品の取扱いを開始したという記事を読んで逆上した上司に怒られる。「ウチはどうなっているんだ!」
⑧しまいこんだ資料をあわてて探すが、見つからず②~⑤のプロセスを反復する(これを「再度、リサーチをかける」と言う)。
⑨やっとの思いで集めなおした資料を使って企画書を書く。
「既に○○行(庫)も取扱いを開始しており、競争力確保のため当行(庫)も速やかに……」

13

人生とは自分を編集すること

ポリシー

※ロバート・B・パーカーの私立探偵小説〈スペンサー・シリーズ〉の第5作『ユダの山羊』第1章の最後のところに以下のようなスペンサーのセリフがある。
「わたしが金のためにやらないことは、金のためにやることより、はるかにたくさんあります」（菊池光訳、ハヤカワ・ミステリ文庫、1987年）

こんな立派な信念を持つことはできないが、就職する前に決めていたことがある。それは仕事で「いそがしい」と言わないことである。「いそがしい。いそがしい」と言っていると、仕事が来なくなるという話を学生時代に何かの本で読んだからである。たぶん、就職する直前に読んだ本だと思う。以来、このポリシーは一度の例外を除いて貫いている。

一度の例外とは、中小企業診断士養成課程への出向から戻って、本店で融資を担当していた時のことである。月末近くの「※五十日《ごとおび》」前日だったと思う。その日のうちに処理しなければならない書類が未処理箱に山積していた。難しい案件はない。ただ、数が多い。ひたすら書類を整えて、あるものは稟議に回し、あるものは後方事務の担当者に回すのだが、営業時間中は来客もあるので、その応対もしなければならない。その合間を縫ってやっと一段落したのが午後8時頃だった。その時、後ろに座っている同僚にこう言った。

「なんか今日は普通預金のテラー（窓口係）みたいにいそがしかったよ」（＊12）

これは意識的に言ったので、ポリシー違反ではない。

＊12　通常、窓口係で最も処理件数が多いのが普通預金の担当者である。

入庫して営業店の預金課に配属になった時、「いそがしい」と言わないというポリシーがほとんど無効なことに気がついた。こちらがいそがしくてもいそがしくなくても、お客様は来店される。こちらの都合とは関係なく、仕事は来るのだ。預金課は受身なのである（それでも、「いそがしい。いそがしい」と言っている人はいたが）。心がけていたのは、上司に呼ばれた際は、来店しているお客様の処理（「お待ち」と言う）をしている時以外は、すぐに反応するようにしていたことである。上司の席に向かう時は、オペ印（オペレータ印鑑の略）と愛用のボールペンを持って行った。シャツの胸ポケットにはいつも薄いメモ帳を入れていた。これらがあれば、たいていの仕事（の指示）は受けられる。

営業課、融資課に配属になると、預金課よりも能動的というか、こちらの裁量である程度スケジュール調整ができるようになった。そのため、「いそがしい」と言わないことに意義というか、自分のこだわりに多少は満足感を覚えることができた（単なる自己満足なのだが）。

以前、ある信用金庫の人と名刺交換をしたら、「仕事のいそがしさならどこにも負けません」と挨拶された。そういう組織体質なのか、本人の価値観なのかわからないが、自分とは真逆だなと思った。私ももちろん本当にいそがしい時は何度もあった。そういう場合に仕事を振られたら、「今、少し立て込んでいるので、これが終わったら取りかかりますが、それでいいですか」と受けた。「いそがしいからできない」とは言わないのである。

金融界に限らず、「どう、いそがしい？」と挨拶代わりに言う人は多い。私は適当に答えているが、「いや、本当にいそがしくて」と返す人もいる。これはサラリーマンによく見られる。自営業の方は「暇でどうしようもない」とネガティブに答えることが多い。面白い傾向だと思う。

ベッグセールス

融資課員だった時も含めて、営業をする時の基本的な方針は〈お客様に借りを作らない〉ということだった。「借り」というのは金品をもらわないとかという意味ではない。そんなことは当然のことで、自分の目標（ノルマ）達成のために預金や融資のお願いをしないということである。ひたすら「お願いします」を繰り返して営業することを「ベッグセールス」（beg sales）と言う。本来はやってはいけないことになっているが、現場ではかなり横行していると思う。ベッグセールスしかできない人間が多いからである。

自分で言うのも何だが、ある程度のレベルになるとお客様と良好な関係を構築しながら、「数字」（営業成績）を作っていくことができるようになる。集金業務も目的を集金と考えるから辛いのであって、お客様との貴重な接点と思えば意味合いが違ってくる。

ただし、自分にとって重要な時期、営業課員として成績優秀賞が狙えるといった時は猛烈に営業をした。日頃、お客様に無理をお願いしていないのでかなり成果が上がった。重要なのは入賞を狙えるところまで成績を上げておくことである。その前提がなければ、ラストスパートでいくらがんばっても無意味である。

ベッグセールスではないが、自分が営業をかけられたことがあった。商品先物取引のセールスである。事前にアポ取りの電話があり、営業マンがやってきた。ローカウンターで応対した。何の要件だかよくわかっていなかったような気がする。年齢は私よりも若く、20代前半だった。私の出身大学の卒業生だそうで（本当かどうかはわからない）、さかんに「ナカジマセンパイ、ナカジマセンパイ」と言う（どこで私の出身大学と勤務先を調べたのだろう）。

私は他人がどこの大学を出たかということにほとんど興味がないし、自分と同窓だからといって特に親近感を覚えることもない。だから「センパイ」と連呼する営業には少しも心が動かない。そもそも商品先物取引に手をつける気が全然ない。セールストークもあまり面白くないので、取引をする気がないことを告げてカウンターから離れた。相手はあわてて「でも絶対もうかるんですよ」と言った。「そんなことを言ってもいいのか」と思いながら自席に戻った。

2回目は融資課員だった時で、やはりアポ取りの電話があって、当時の私とほぼ同年輩、30代前半の男性が営業店を訪れた。営業時間外で通用口のところで話をした。私の上司の融資課長にもアプローチしていたことは後で知った。

　数日後、その彼から電話がかかってきた。商品先物取引の電話による営業を受けたのは初めてで、これが最初で最後になった。先の例もそうだが、商品自体は覚えていない（この時は白金だったか？）。彼はマシンガントークという感じで、猛烈なスピードで市況をしゃべりまくる。どこかで勧誘されたら、うっかり「はい」と答えてしまいそうな感じである。これは付き合いきれないなと思い、相手が息継ぎをするタイミングを計って、「ねえ、〇〇さん」と言った。相手のトークが止まった。

「お互いいそがしいのだから、時間のムダはやめましょうよ。この取引、まったく興味がないから」

　そう言うと、「そうですか」とあっさり電話が切れた。

　数日後、電話中だった融資課長が突然「冗談じゃないよ！」と大声を出した。課長の席は私の後ろである。午後4時過ぎの営業時間外で、店内にお客様はいない。日頃、温厚な課長が怒声を発しているので、店内にいた全員が注目した。

　話を聞いていると、先日、私を訪れた先物取引の業者に課長が発注して、その証拠金を入れてくれと言われていることがわかった。金額は数十万円だったと思う。課長は「そんな注文を出した覚えはない」と繰り返している。話の内容に察しがついたらしい支店長が、心配して融資課の席に座った。

私はこの営業担当者からもらった名刺と一緒に「※内容証明」と書いたメモを課長の机の上に置いた。そして、電話口から相手に聞こえるように大きな声で「内容証明、書きましょうか」と言った。課長がそれを受けて、「注文したことは否定する。顧問弁護士と相談して内容証明を送る」と言って、やっと騒ぎが終息した。相手の業者は「あんたたちはすぐ内容証明とか言うから」とぼやいていたそうだ。別のところで、営業のノルマについて述べたが、こういうスタイルの営業を行う業界もあるらしい。

上司

ちなみにこの時の支店長は、私が中小企業診断士養成課程に派遣される時に、「彼が抜けるのは痛いが、本人のためだから行かせてやってほしい」と人事部に言ってくれた人である。そんなことは当たり前だと思う人もいるかもしれないが、自分のために部下のチャンスをつぶしてしまう上司も中にはいる。「彼・彼女がいないと仕事が回らない」というのが常套句で、こういう人は優秀な部下を手元に置けるだけおいて、自分が先に栄転してしまうことがある。残された部下は気がついたらキャリアアップのタイミングを逃していたということになる。そういう若手を、酒を飲みながらなぐさめたこともある。

この支店長には出向から戻ったら、どこかで（仕事上で）恩返しをしようと考えていたのだが、タイミングが合わなくて、それはかなわなかった。数多くの上司に仕えたが、良い意味で印象に残っている方である。

上司に救われたこともある。本部のあるセクションに所属している時、営業店に転勤していた私の前任者が突然というべきタイミングで退職してしまった。その後任というか穴埋めに私を出せないかという話が人事部から来たらしい。その時、上司が「そういう形では彼は出せない」と拒絶してくれた。当時は専門職を目指すか、もう一度、営業店に戻ってラインに乗るか迷っていた時期だったが、上司が言ったとおり、「そういう形」で現場に出たくはなかった。この時、転勤していたら、現在とはまったく違ったコースを歩んだと思う。この上司も良い意味で印象に残っている方である。

出世

「いそがしい」というか「いそがしがっている」と仕事が来なくなるということは、本部勤務になってから実感した。自分の経験ではなく、私の後輩の事例においてである。

当時、私が所属するセクションは、通路を挟んで二分されていた。反対側にいる後輩に用がある時は内線電話で連絡することが多かった。

私が電話で「ちょっと来てくれる?」と言うと、彼は十中八九、こう答える。

「エッ、イマデスカ?」(今だから言っているのだ。明日なら明日と言う)

彼は続けて「チョット、イマハ……」と言う。

「じゃあ、いいよ。手が空いたら来てくれ」と私。

別に誰かと話をしているとか、打ち合わせ中というわけではない。それならそう言えばいい。彼の仕事はデータ処理や分析が中心で、私の経験からすれば、上司(先輩)から呼ばれてすぐに動けないという類のものではない。

1、2回ならともかく、こういうことが続くと、仕事を頼みたくなくなってしまう。「いそがしい」と直接は言っていないが、彼の応対はそう言っているのと同じである。〈仕事を受けてこなすことで、自分も成長できる〉ということがわからないのは不幸なことである（自分の能力に自信がないのなら仕方がないが）。就職する前に立てたポリシー、「いそがしい」と言わないということはやはり正しかったのだと思った。

このポリシーほど明確なものではなかったが、中小企業診断士の資格を取って、本部勤務になってから漠然と考えたのは、「出世のために仕事をしない」ということである。出世したくないというわけではない。能力を発揮して仕事をした結果として、地位（役職）が上がれば良いと考えたのである。専門職として組織内で生きようと決めてからは、このポリシーを徹底した。ベースにあるのが「はじめに」で述べたサイキック・インカムという考え方である。

この頃、直属の上司（部長）に誘われて、2人で酒を飲む機会があった。その際、「私は出世のために仕事をしないのです」と話した時の上司の反応が面白かった。その人は「そう、そうだよね、お宅は」と言った。「前から何となくそう思っていたけれどやっぱりそうだったのか」という感じだった。その人にとっては、想定外のポリシーだったかもしれない。

結果から言えば、営業店と本部という違いはあっても、同期入庫の人間に昇進、昇格で後れを取ったことはなかった。支店長にも本部の部長にもなれなかったが（元々狙っていない）、専門職として部長とほぼ同等のポジションを得ることができた。

約10年前に勤務先の周年記念事業の一環として地域情報誌を創刊して、以来、その企画編集を担当している。数年前には姉妹誌として地域の飲食店を紹介する媒体を自ら企画して、やはり編集を担当している。第1章で述べたように、出版社の編集者になりたかったのだが、信用金庫に就職することになった。しかし、入庫から20数年経ったら、地域情報誌という活字媒体の「編集」を始めて現在まで続いている。もちろん、他にも担当する仕事はあるが、〈編集者になりたい〉という夢はやや変則的だがかなったことになる。

「人生とは自分を編集すること」だと気がついたのは数年前のことである。早かったのか、遅すぎたのかはよくわからない。

巻末付録

用語&人名解説

■アイドルタイム

実働時間の中で人や機械が何の作業もしていない時間。飲食店の場合、ランチタイムが終わり、ディナータイムが始まるまでの時間帯を指す。一般的には14時から16時過ぎくらいまでがアイドルタイムにあたる。営業の訪問もこの時間帯に行うのが原則である。反対語はピークタイム。

■預かり資産（アズカリシサン）

「投資信託」や「個人年金保険」、「個人向け国債」などの金融商品のこと。

■運転資金（ウンテンシキン）

融資の資金使途は、運転資金と設備資金（後述）に大別される。運転資金とは企業が日常の経営活動に伴って必要とする資金である。最も一般的な運転資金の概念が経常運転資金で、「売上債権＋棚卸資産－買入債務」で求められる。

運転資金発生のイメージ

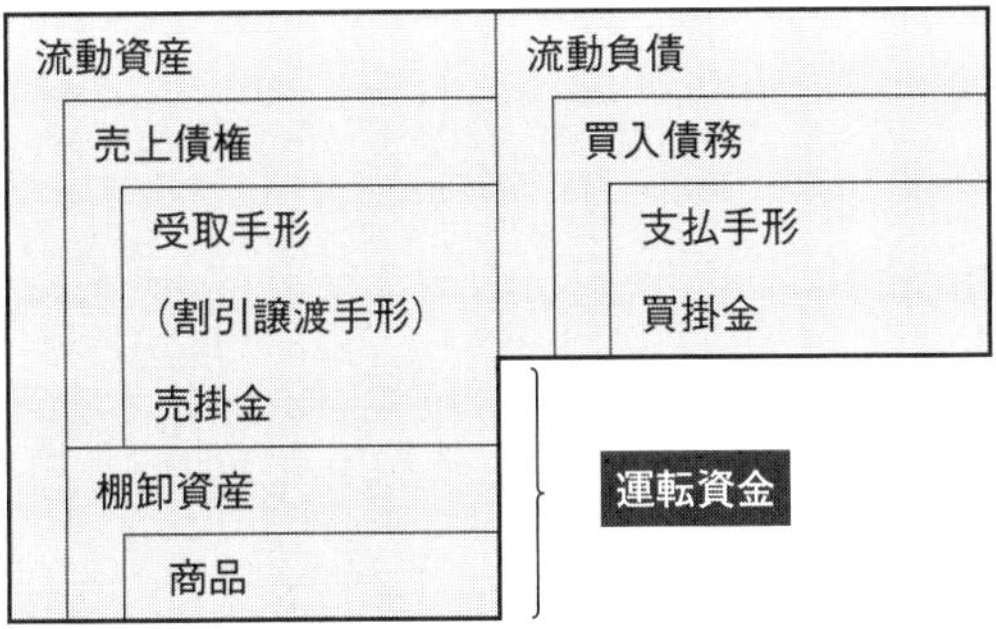

・商品を仕入れた場合に、在庫や売掛金等でお金が入ってこない期間のほうが、仕入代金の支払いを待ってもらっている期間よりも長い
・入ってくるのを待っている額（売上債権）のほうが、支払いを待ってもらっている額よりも大きいので、その差額のお金が必要ということ

■M&A（エムアンドエー）

「Merger and Acquisition」の略。企業の合併・買収。

■MBA（エムビーエー）

「Master of Business Administration」の略。経営学修士。文字どおり、経営学を修めた者に授与される学位である。かなり以前のことだが、ある専門学校の中小企業診断士受験コースの新聞広告に「日本版MBA」と書いてあった。MBAは学位で、診断士は資格である。どういう意味か全然わからない。

か〜こ

■課題解決型営業（カダイカイケツガタエイギョウ）

「ソリューション営業」と表現をする金融機関もある。字義どおり、顧客の経営上の多様な課題の解決を支援したり、解決策を提供することで取引の拡大を図る営業スタイル。金融審議会報告書「リレーションシップバンキングの機能強化に向けて」の中で、「問題解決型のビジネスモデルへ踏み出していく必要性」を示唆されて以来、地域金融機関が個々に取り組み始めた。概念としては広く普及しているが、その本質は「コンサルティング」であり、かなり難易度が高いものである。

■肩代り（カタガワリ）

広辞苑によると「負担や負債や契約を別の者が代わって引き受けること」だが、金融界においては、企業に融資をし、他の金融機関から借りている資金を返済してもらい、自行庫の融資とすること。

■季節変動（キセツヘンドウ）

企業の売上高やある商品の販売量が、特定の季節や時期に増減を繰り返すことを季節変動と言う。季節変動を指数化したものを季節指数と言う。これは企業の販売計画にも利用できるし、金融機関にとっても資金需要の発生時期を事前に捉えるのに有効である。

■銀行取引停止処分（ギンコウトリヒキテイシショブン）

手形や小切手が支払われない（決済されない）ことを不渡りと言う。6ヵ月以内に2回不渡りを出すと、不渡りを出した手形交換所に参加するすべての金融機関から、当座預金（後述）取引と貸出取引を停止される。

■五十日（ゴトオビ）

毎月5日、10日、15日、20日、25日、30日または月末日のこと。この日に決済を行う企業が多く、金融機関にとっては繁忙日となる。月末日は金融機関にとっても各種の締めの事務を行う日なので、毎月で最もいそがしい日である。

■小林秀雄（コバヤシヒデオ）

1902－1983　文芸評論家。近代日本の文芸評論の第一人者。主な著作に『無常といふ事』『モオツァルト』『本居宣長』などがある。

さ〜そ

■債務超過（サイムチョウカ）

企業の財務諸表（貸借対照表）において、損失が拡大して純資産（資本金と利益・その他）を上回った状態、資産総額より負債総額のほうが多くなること（次ページ参照）。

■試算表（シサンヒョウ）

総勘定元帳の各勘定科目の残高を一覧表にしたもの。合計試算表、残高試算表、合計残高試算表の3種類があるが、残高試算表の構造を理解すると貸借対照表と損益計算書の関係がよくわかる（191ページ参照）。

累積赤字と債務超過のイメージ

●累積赤字でも債務超過でもない状態

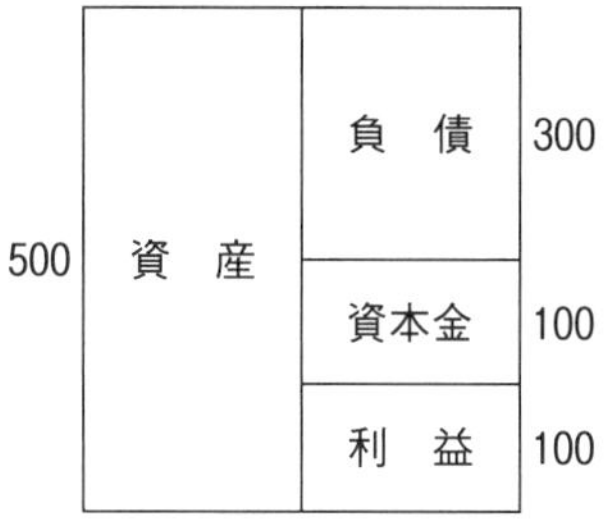

●累積赤字(資本金に赤字が食い込んでいる状態)

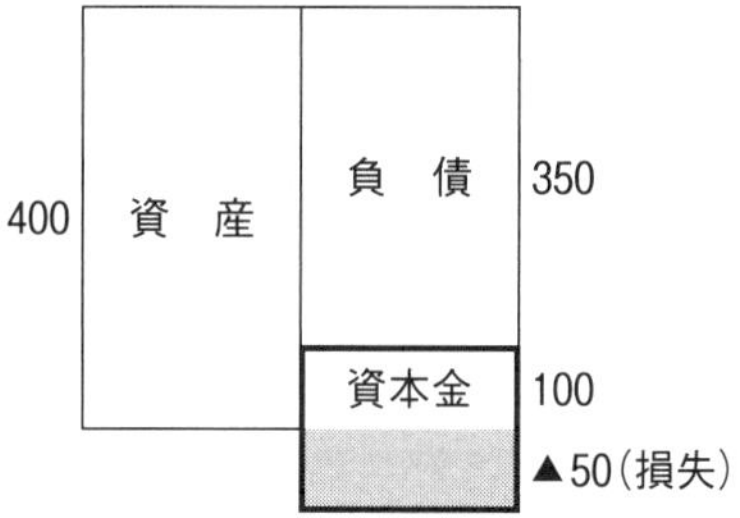

●債務超過(赤字が資本金を上回った状態)

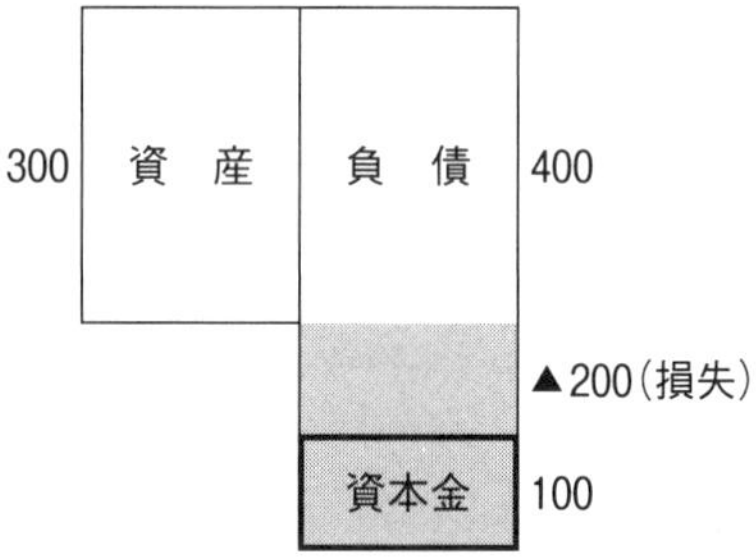

残高試算表と貸借対照表・損益計算書の関係

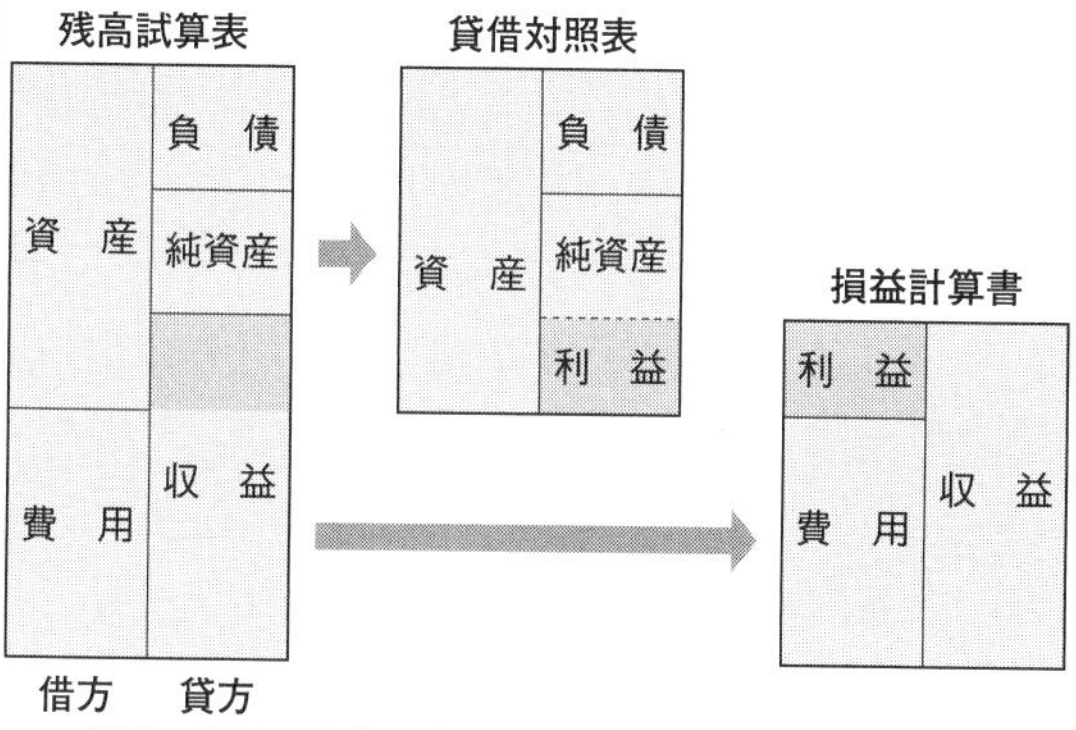

資産＋費用＝負債＋純資産（資本）＋収益

資産－負債－純資産（資本）＝収益－費用＝利益（損失）

■証書貸付・手形貸付（ショウショカシツケ・テガタカシツケ）

証書貸付（＝「証貸」）は取引先に借用証書（「金銭消費貸借契約証書」と言う）を差し入れてもらって融資する方法。長期の融資、1年超の期間の融資に利用される。証書には借入金額、弁済期、利率（金利）などの融資条件が記載される。

手形貸付（＝「手貸」）は取引先から金融機関を受取人とする約束手形を差し入れてもらって融資する方法。1年未満の短期の融資に利用される。手貸のことを先輩が「タンメイ」と言っていたので、理由を尋ねると短期間の融資だから「短命」だと教えられた。何となく変な気がしたので調べてみたら、手貸の場合、受取人である金融機関名は最初から手形に印刷されており、借主だけが手形に署名・捺印するので「単名手形」と言うことがわかった。上司や先輩が必ずしも正しいことを言うとは限らないという貴重な教訓を得た。すぐに貸付用語辞典を買った。

■証券アナリスト（ショウケンアナリスト）

株式市場、債券市場、企業格付け、景気動向、経済など金融分野を中心に様々な調査・分析を行う者。資格としては、公益社団法人日本証券アナリスト協会が実施する1次試験と2次試験に合格した同協会検定会員を指すが、アナリスト業務は要資格業務ではないので、同試験に合格していなくても証券アナリストになることはできる。この点は中小企業診断士と経営コンサルタントの関係と同じである。

■制度融資（セイドユウシ）
中小企業の金融のために地方公共団体などが定めた融資制度。融資の申込は地方公共団体、商工会議所、商工会などが窓口となる場合と、直接金融機関が窓口となる場合がある。

■設備資金（セツビシキン）
企業が経営上必要となる事業設備に投資する際に発生する資金需要のこと。設備とは自ら使用する目的で保有する土地、建物、構築物、機械装置、車両運搬具などである。

■相殺（ソウサイ）
広辞苑には「差引きして帳消しにすること」とある。金融界で相殺という場合、金融機関が融資先に対して有する証貸や手貸などの債権と、融資先が金融機関に対して有する債権、つまり預金とを対当額だけ消滅させることを言う。金融機関側からすれば債権回収の手段である。

■総量規制（ソウリョウキセイ）

１９９０年３月に大蔵省（現・財務省）から金融機関に対して行われた行政指導で、過熱した不動産価格の高騰を沈静化させることを目的としていた。不動産向け貸出の伸び率を総貸出の伸び率以下に抑えるというもので、バブル崩壊という結果を見れば、その目的は十分に果たしたと言える。１９９１年に融資を担当していた時、未取引先の不動産関連業者の方から、電話で土地について詳細な説明をされて融資が可能かどうか執拗に尋ねられたことがある。もちろん、電話の話で融資の可否判断はできないとお断りした。

た〜と

■長期プライムレート（チョウキプライムレート）

金融機関が企業に対して1年以上の長期の融資をする際に適用する最優遇金利で、略称は「長プラ」。金融自由化以前は、「長期信用銀行が発行する5年物金融債の利率＋0・5％」を慣例として基準としていた。日本では1959年以来、公定歩合に連動して決定される短期プライムレートが存在したが、1989年1月に市場金利に連動する新短期プライムレートが導入され、1991年には新短期プライムレートに連動する新長期プライムレートが導入された。

■手形割引（テガタワリビキ）

取引先が商取引に基づいて受け取った商業手形を、金融機関が買い取ることによって行う融資の方法。金融機関は、手形の期日（満期日・支払期日）までの金利分（手形割引料）を割り引いた額で手形を買い取る。手形の受取人は手形の支払期日にならなければ手形を現金にすることはできないが、この手形割引により支払期日前に現金を手にすることが可能になる。経常運転資金の一般的な調達手段だったが、近年はファクタリングサービスを利用する企業が増加したため、手形取引は減少傾向にあり、そのウエイトも低下傾向にある。

■デリバティブ（derivative, derivative instrument）

他の資産（原資産）価格などに依存して、その価格が決まる金融商品。指数、指標は他の資産等から派生したものという意味で、金融派生商品とも呼ばれる。取引形態に応じて、先渡取引、先物取引、オプション取引、スワップ取引などに分類されるが、対象となる資産に基づいて、株式デリバティブ、債券デリバティブ、金利デリバティブ、天候デリバティブ、クレジットデリバティブなどに分類されることも多い。

■当座預金（トウザヨキン）

預金者が手形・小切手を決済するための口座で、法令によって無利息と定められている。通帳も発行されず、毎月、金融機関から取引明細が送付される。

な〜の

■ナンピン買い（ナンピンガイ）
株式投資における俗語で、株価が低下傾向にある時に、手持ちの銘柄を安値で買い増して手持ちの簿価を引き下げること。

■内容証明（ナイヨウショウメイ）
内容証明郵便。いつ、どんな内容の文書を、誰から誰に宛てて差し出したかということを、郵便局（郵便事業株式会社）が公的に証明する制度。先方に届いた日付を明確にするために配達証明の扱いにすることが必要で、契約解除の通知、返済の請求、相殺の通知などに利用される。

■根抵当権（ネテイトウケン）
不動産を担保に融資する時に設定する担保権。特定の債権を保全する場合、例えば住宅ローンなどを対象とする場合は普通抵当権を利用する。これに対して、根抵当権は一定の範囲内の債権（将来借り入れる可能性があるものを含む）の担保として設定する抵当権で、事前に担保する限度額を「極度額」として定め、この極度額以内なら何度でも借入、返済を繰り返せる。

■ノンバンク

貸金業者。銀行・信用金庫などの金融機関（バンク）は預金により融資の原資を調達するが、貸金業者は資金調達を金融機関からの借入や金融市場において社債の発行などを通じて行う。そのため、ノンバンクと呼ばれる。業態としては、消費者金融（いわゆる「サラ金」）、事業者金融（通称「商工ローン」）、クレジットカードによる金銭貸付、リース業などがある。第5章「バブルの頃」で触れたように住宅専門金融会社もノンバンクである。

は〜も

■返済比率（ヘンサイヒリツ）

住宅ローン・個人ローンなどの審査項目の一つで、税込年収に対する年間のローン返済額の割合。年間のローン返済額は「毎月の返済額×12ヵ月＋ボーナス返済額×２回」で計算する。金融機関によっても個々の条件によっても異なるが、一般的に返済比率は25〜40％程度となっている。

ら〜ろ

■LIBOR（ライボー）

「London Interbank Offered Rate」の略で、ロンドン銀行間取引金利のこと。金融機関がユーロ市場で資金調達する場合の基準金利として利用されている。特に6ヵ月物は短期金利の指標として注目される。スワップ金利などデリバティブ取引の基準金利としても利用される。

■利益相反行為（リエキソウハンコウイ）
取引において複数の当事者が存在し、ある当事者の利益が高まると、他の当事者の利益が低下するというように当事者間の利益が相反する状態において、自己またはある当事者のために取引を有利に進めること。会社が取締役の債務を保証することなどが利益相反行為に該当する。

■リレバン
「リレーションシップバンキング」の略称。リレーションシップバンキングという言葉は、２００３年３月に公表された金融審議会の報告書「リレーションシップバンキングの機能強化に向けて」のタイトルに登場した。同報告書をベースに金融庁の「リレーションシップバンキングの機能強化に関するアクションプログラム」が策定され、２００３年度から２００４年度まで中小・地域金融機関はリレバンに取り組むことになった。リレバンとは「顧客との長期継続的なリレーションシップ（関係）を通じて蓄積された情報を活用することで、地域の中小企業に円滑な資金供給、付加価値の高いサービスを提供するビジネスモデル」である。２００５年には「地域密着型金融の機能強化の推進に関するアクションプログラム」が発表されて、中小・地域金融機関はさらに2年間、地域密着型金融（リレバン）に取り組んだ。２００５年の「アクションプログラム」が「地域密着型金融」と題しているように、金融庁は「リレーションシップバンキング」という言葉を使うことを避けているような印象がある（「間柄金融」と言い換えていたこともある）。横文字が苦手（？）な地域金融機関に配慮したのだろうか。

■ロバート・B・パーカー

１９３２－２０１０　アメリカの作家。１９７３年に私立探偵スペンサーを主人公にした『ゴッドウルフの行方』でデビュー。日本にもファンが多く、特にスペンサーシリーズは人気が高い。同シリーズ第7作の『初秋』（１９８０年）は孤独な少年とスペンサーの交流を描いた傑作で、高倉健が映画化を考えたという話を読んだ記憶がある。

おわりに

第1章の冒頭に登場する私の友人は、読書が趣味で学生時代から某純文学雑誌を購読していた。信用金庫に就職して営業店に配属になって間もない頃、昼休みに食堂でその雑誌を読んでいた。そこに融資課の先輩が入ってきて、雑誌の表紙を見て言った。

「なんだ、お前。そんなもん読んで、女口説くのか？」

彼は真剣に転職を考えたそうである（笑）。

筆者にはそれほど「痛い経験」はないが、あれこれ悩みながら勤め続けて、今年定年を迎えることになった。その過程におけるエピソードをいくつか、近代セールス社出版部の木村早芳さんに話したら、「中島さん。それ使えますよ」と言って、瞬く間に出版の企画を通してしまった。筆者は仕事の速さは能力に依存すると考えている（本書の原稿もかなりの速さで書き上げた）。

初校のゲラが出たところで異動になってしまった木村さんから仕事を引き継いで、出版までをていねいにフォローしてくれたのが雑誌部門から異動してきた吉川令那さんだった（筆者は仕事のていねいさも能力に依存すると考えている）。2人ともよく知っている人で幸いだった。考えてみると、女性の編集者と単行本の仕事をしたのは初めてである。

原稿は書き上げた順に木村さんにメールで送信した。最後の原稿を送った後、彼女に「これ、『私の履歴書』ですね」と言われた。もちろん日本経済新聞の名物コーナーのことである。確かにそういう性質の原稿だが、大きく異なるのはエピソードがすべて加工されているという点である（この「おわりに」自体が部分的にフィクションの可能性もある）。

定年前に「人生の棚卸し」のような仕事ができた。本書を上梓できることを素直にうれしいと思う。２人の女性編集者にお礼を申し上げたい。

２０１４年１月　　中島　久

著者略歴

中島 久（なかじま ひさし）

中小企業診断士
公益社団法人日本証券アナリスト協会検定会員
非常勤講師：横浜市立大学国際総合科学部・関東学院大学経済学部

1954年、横浜生まれ。1977年、明治大学法学部卒業。同年、横浜信用金庫入庫。営業店勤務、経営相談部門、ALM担当などを経て、現在、総合企画部勤務。

【著書・論文等】

『「売れる仕組み」のつくり方—マーケティングはおもしろい！』（きんざい）、『入門！企業分析の手法と考え方』（経済法令研究会）、『融資審査と定性分析』（銀行研修社）、『キーワードで学ぶ企業分析』（銀行研修社）、『企業評価の目利き術』（共著、経済法令研究会）、『実践！中小企業支援マニュアル』（共著、一般社団法人全国信用金庫協会）、『コミュニティバンクの中期戦略』（『2010年の金融機関』所収・日本金融通信社）、『商店診断における情報活用の研究』（共著、中小企業事業団）、その他実務研修マニュアル（通信教育テキスト等）、雑誌論文多数

【企画編集】

『横浜ルネサンス』（ダイヤモンド社）

【講師等実績】

国民生活金融公庫融資担当者、日本銀行金融広報委員会セミナー、中小企業大学校東京校（中小企業診断士養成課程）、中小企業大学校関西校、横浜市立大学商学部・国際総合科学部、神奈川大学経済学部、関東学院大学経済学部、全国信用金庫研修所（目利き研修、広報戦略研究会、CS・顧客利便性向上研究会、次世代リーダー育成講座、マーケティング講座、コンサルティング講座）、全国信用金庫協会（企業支援・企業再生研究会副主査、サービス提供モデル・ワーキンググループ主査）、東京都信用金庫協会、近畿地区信用金庫協会、全国信用組合研修所（しんくみ大学）、財団法人神奈川中小企業センター特別相談員、月刊『販促会議』プロモーションプランコンテスト審査員、その他

バンカーズストーリー

平成26年３月10日　初版発行

著　者 ── 中島　久
発行者 ── 福地　健
発行所 ── 株式会社　近代セールス社
http://www.kindai-sales.co.jp/
〒164－8640　東京都中野区中央１－13－９
電話：03－3366－5701
FAX：03－3366－2706
印刷・製本　三松堂株式会社

　ISBN 978-4-7650-1225-6